华严经讲话

中国佛学经典宝藏

64

[日] 镰田茂雄 著　慈怡 译
星云大师总监修

人民东方出版传媒
东方出版社

《中国佛学经典宝藏》
大陆简体字版编审委员会

主任委员：赖永海

委　　员：（以姓氏笔画为序）

　　　　　王月清　王邦维　王志远　王雷泉

　　　　　业露华　许剑秋　陈永革　吴根友

　　　　　徐小跃　龚　隽　葛兆光　温金玉

　　　　　彭明哲　程恭让　鲁彼德　董　群

　　　　　潘少平　潘桂明　魏道儒

总序

星云

自读首楞严,从此不尝人间糟糠味;
认识华严经,方知已是佛法富贵人。

诚然,佛教三藏十二部经有如暗夜之灯炬、苦海之宝筏,为人生带来光明与幸福,古德这首诗偈可说一语道尽行者阅藏慕道、顶戴感恩的心情!可惜佛教经典因为卷帙浩瀚、古文艰涩,常使忙碌的现代人有义理远隔、望而生畏之憾,因此多少年来,我一直想编纂一套白话佛典,以使法雨均沾,普利十方。

一九九一年,这个心愿总算有了眉目。是年,佛光山在中国大陆广州市召开"白话佛经编纂会议",将该套丛书定名为《中国佛教经典宝藏》①。后来几经集思广

---

① 编者注:《中国佛教经典宝藏》丛书,大陆出版时改为《中国佛学经典宝藏》丛书。

益,大家决定其所呈现的风格应该具备下列四项要点:

一、启发思想:全套《中国佛教经典宝藏》共计百余册,依大乘、小乘、禅、净、密等性质编号排序,所选经典均具三点特色:

1. 历史意义的深远性
2. 中国文化的影响性
3. 人间佛教的理念性

二、通顺易懂:每册书均设有原典、注释、译文等单元,其中文句铺排力求流畅通顺,遣词用字力求深入浅出,期使读者能一目了然,契入妙谛。

三、文简意赅:以专章解析每部经的全貌,并且搜罗重要的章句,介绍该经的精神所在,俾使读者对每部经义都能透彻了解,并且免于以偏概全之谬误。

四、雅俗共赏:《中国佛教经典宝藏》虽是白话佛典,但亦兼具通俗文艺与学术价值,以达到雅俗共赏、三根普被的效果,所以每册书均以题解、源流、解说等章节,阐述经文的时代背景、影响价值及在佛教历史和思想演变上的地位角色。

兹值佛光山开山三十周年,诸方贤圣齐来庆祝,历经五载、集二百余人心血结晶的百余册《中国佛教经典宝藏》也于此时隆重推出,可谓意义非凡,论其成就,则有四点可与大家共同分享:

一、佛教史上的开创之举：民国以来的白话佛经翻译虽然很多，但都是法师或居士个人的开示讲稿或零星的研究心得，由于缺乏整体性的计划，读者也不易窥探佛法之堂奥。有鉴于此，《中国佛教经典宝藏》丛书突破窠臼，将古来经律论中之重要著作，做有系统的整理，为佛典翻译史写下新页！

二、杰出学者的集体创作：《中国佛教经典宝藏》丛书结合中国大陆北京、南京各地名校的百位教授、学者通力撰稿，其中博士学位者占百分之八十，其他均拥有硕士学位，在当今出版界各种读物中难得一见。

三、两岸佛学的交流互动：《中国佛教经典宝藏》撰述大部分由大陆饱学能文之教授负责，并搜录台湾教界大德和居士们的论著，借此衔接两岸佛学，使有互动的因缘。编审部分则由台湾和大陆学有专精之学者从事，不仅对中国大陆研究佛学风气具有带动启发之作用，对于台海两岸佛学交流更是帮助良多。

四、白话佛典的精华集萃：《中国佛教经典宝藏》将佛典里具有思想性、启发性、教育性、人间性的章节做重点式的集萃整理，有别于坊间一般"照本翻译"的白话佛典，使读者能充分享受"深入经藏，智慧如海"的法喜。

今《中国佛教经典宝藏》付梓在即，吾欣然为之作序，并借此感谢慈惠、依空等人百忙之中，指导编修；吉广舆等人奔走两岸，穿针引线；以及王志远、赖永海等大陆教授的辛勤撰述；刘国香、陈慧剑等台湾学者的周详审核；满济、永应等"宝藏小组"人员的汇编印行。由于他们的同心协力，使得这项伟大的事业得以不负众望，功竟圆成！

《中国佛教经典宝藏》虽说是大家精心擘划、全力以赴的巨作，但经义深邃，实难尽备；法海浩瀚，亦恐有遗珠之憾；加以时代之动乱，文化之激荡，学者教授于契合佛心，或有差距之处。凡此失漏必然甚多，星云谨以愚诚，祈求诸方大德不吝指正，是所至祷。

一九九六年五月十六日于佛光山

原版序
敲门处处有人应

《中国佛教经典宝藏》是佛光山继《佛光大藏经》之后,推展人间佛教的百册丛书,以将传统《大藏经》精华化、白话化、现代化为宗旨,力求佛经宝藏再现今世,以通俗亲切的面貌,温渥现代人的心灵。

佛光山开山三十年以来,家师星云上人致力推展人间佛教,不遗余力,各种文化、教育事业蓬勃创办,全世界弘法度化之道场应机兴建,蔚为中国现代佛教之新气象。这一套白话精华大藏经,亦是大师弘教传法的深心悲愿之一。从开始构想、擘划到广州会议落实,无不出自大师高瞻远瞩之眼光,从逐年组稿到编辑出版,幸赖大师无限关注支持,乃有这一套现代白话之大藏经问世。

这是一套多层次、多角度、全方位反映传统佛教文化的丛书,取其精华,舍其艰涩,希望既能将《大藏经》

深睿的奥义妙法再现今世，也能为现代人提供学佛求法的方便舟筏。我们祈望《中国佛教经典宝藏》具有四种功用：

一、是传统佛典的精华书

中国佛教典籍汗牛充栋，一套《大藏经》就有九千余卷，穷年皓首都研读不完，无从赈济现代人的枯槁心灵。《宝藏》希望是一滴浓缩的法水，既不失《大藏经》的法味，又能有稍浸即润的方便，所以选择了取精用弘的摘引方式，以舍弃庞杂的枝节。由于执笔学者各有不同的取舍角度，其间难免有所缺失，谨请十方仁者鉴谅。

二、是深入浅出的工具书

现代人离古愈远，愈缺乏解读古籍的能力，往往视《大藏经》为艰涩难懂之天书，明知其中有汪洋浩瀚之生命智慧，亦只能望洋兴叹，欲渡无舟。《宝藏》希望是一艘现代化的舟筏，以通俗浅显的白话文字，提供读者遨游佛法义海的工具。应邀执笔的学者虽然多具佛学素养，但大陆对白话写作之领会角度不同，表达方式与台湾有相当差距，造成编写过程中对深厚佛学素养与流畅白话语言不易兼顾的困扰，两全为难。

三、是学佛入门的指引书

佛教经典有八万四千法门，门门可以深入，门门是无限宽广的证悟途径，可惜缺乏大众化的入门导览，不易寻觅捷径。《宝藏》希望是一支指引方向的路标，协助十方大众深入经藏，从先贤的智慧中汲取养分，成就无上的人生福泽。

四、是解深入密的参考书

佛陀遗教不仅是亚洲人民的精神归依，也是世界众生的心灵宝藏。可惜经文古奥，缺乏现代化传播，一旦庞大经藏沦为学术研究之训诂工具，佛教如何能扎根于民间？如何普济僧俗两众？我们希望《宝藏》是百粒芥子，稍稍显现一些须弥山的法相，使读者由浅入深，略窥三昧法要。各书对经藏之解读诠释角度或有不足，我们开拓白话经藏的心意却是虔诚的，若能引领读者进一步深研三藏教理，则是我们的衷心微愿。

大陆版序一

《中国佛教经典宝藏》是一套对主要佛教经典进行精选、注译、经义阐释、源流梳理、学术价值分析,并把它们翻译成现代白话文的大型佛学丛书,成书于二十世纪九十年代,由台湾佛光文化事业有限公司出版,星云大师担任总监修,由大陆的杜继文、方立天以及台湾的星云大师、圣严法师等两岸百余位知名学者、法师共同编撰完成。十几年来,这套丛书在两岸的学术界和佛教界产生了巨大的影响,对研究、弘扬作为中国传统文化重要组成部分的佛教文化,推动两岸的文化学术交流发挥了十分重要的作用。

《中国佛学经典宝藏》则是《中国佛教经典宝藏》的简体字修订版。之所以要出版这套丛书,主要基于以下的考虑:

首先,佛教有三藏十二部经、八万四千法门,典籍浩瀚，博大精深，即便是专业研究者，穷其一生之精力，恐也难阅尽所有经典，因此之故，有"精选"之举。

其次，佛教源于印度，汉传佛教的经论多译自梵语；加之，代有译人，版本众多，或随音，或意译，同一经文，往往表述各异。究竟哪一种版本更契合读者根机？哪一个注疏对读者理解经论大意更有助益？编撰者除了标明所依据版本外，对各部经论之版本和注疏源流也进行了系统的梳理。

再次，佛典名相繁复，义理艰深，即便识得其文其字，文字背后的义理，诚非一望便知。为此，注译者特地对诸多冷僻文字和艰涩名相，进行了力所能及的注解和阐析，并把所选经文全部翻译成现代汉语。希望这些注译，能成为修习者得月之手指、渡河之舟楫。

最后，研习经论，旨在借教悟宗、识义得意。为了将其思想义理和现当代价值揭示出来，编撰者对各部经论的篇章品目、思想脉络、义理蕴涵、学术价值等所做的发掘和剖析，真可谓殚精竭虑、苦心孤诣！当然，佛理幽深，欲入其堂奥、得其真义，诚非易事！我们不敢奢求对于各部经论的解读都能鞭辟入里，字字珠玑，但希望能对读者的理解经义有所启迪！

习近平主席最近指出："佛教产生于古代印度，但传入中国后，经过长期演化，佛教同中国儒家文化和道家文化融合发展，最终形成了具有中国特色的佛教文化，给中国人的宗教信仰、哲学观念、文学艺术、礼仪习俗等留下了深刻影响。"如何去研究、传承和弘扬优秀佛教文化，是摆在我们面前的一个重要课题，人民东方出版传媒有限公司拟对繁体字版的《中国佛教经典宝藏》进行修订，并出版简体字版的《中国佛学经典宝藏》，随喜赞叹，寥寄数语，以叙因缘，是为序。

二〇一六年春于南京大学

大陆版序二

依空

　　身材高大、肤色白皙、擅长军事的亚利安人，在公元前四千五百多年从中亚攻入西北印度，把当地土著征服之后，为了彻底统治这里的人民，建立了牢不可破的种姓制度，创造了无数的神祇，主要有创造神梵天、破坏神湿婆、保护神毗婆奴。人们的祸福由梵天决定，为了取悦梵天大神，需要透过婆罗门来沟通，因为他们是从梵天的口舌之中生出，懂得梵天的语言——繁复深奥的梵文，婆罗门阶级是宗教祭祀师，负责教育，更掌控了神与人之间往来的话语权。四种姓中最重要的是刹帝利，举凡国家的政治、经济、军事、文化等等都由他们实际操作，属贵族阶级，由梵天的胸部生出。吠舍则是士农工商的平民百姓，由梵天的膝盖以上生出。首陀罗则是被踩在梵天脚下的土著。前三者可以轮回，纵然几世轮转都无法脱离原来种姓，称为再生族；首陀罗则连轮回的因缘都没有，为不生族，生生世世为首陀罗，子孙也倒霉跟着宿命，无法改变身份。相对于此，贱民比首陀罗更为卑微、低贱，连四种姓都无法跻身其中，只能从事挑粪、焚化尸体等最卑贱、龌龊的工作。

出身于高贵种姓释迦族的悉达多太子，为了打破种姓制度的桎梏，舍弃既有的优越族姓，主张一切众生皆平等，成正等觉，创立了佛教僧团。为了贯彻佛教的平等思想，佛陀不仅先度首陀罗身份的优婆离出家，后度释迦族的七王子，先入山门为师兄，树立僧团伦理制度。佛陀更严禁弟子们用贵族的语言——梵文宣讲佛法，而以人民容易理解的地方口语来演说法义，这就是巴利文经典的滥觞。佛陀认为真理不应该是属于少数贵族、知识分子的专利或装饰，而应该更贴近普罗大众，属于平民百姓共有共知。原来佛陀早就在推动佛法的普遍化、大众化、白话化的伟大工作。

佛教从西汉哀帝末年传入中国，历经东汉、魏晋南北朝、隋唐的漫长艰巨的译经过程，加上历代各宗派祖师的著作，积累了庞博浩瀚的汉传佛教典籍。这些经论义理深奥隐晦，加以书写的语言文字为千年以前的古汉文，增加现代人阅读的困难，只能望着汗牛充栋的三藏十二部扼腕慨叹，裹足不前。

如何让大众轻松深入佛法大海，直探佛陀本怀？佛光山开山宗长星云大师乃发起编纂《中国佛教经典宝藏》。一九九一年,先在大陆广州召开"白话佛经编纂会议",订定一百本的经论种类、编写体例、字数等事项,礼聘中国社科院的王志远教授、南京大学的赖永海教授分别为中国大陆北方与南方的总联络人,邀请大陆各大学的佛教学者撰文,后来增加台湾部分的三十二本,是为一百三十二册的《中国佛教经典宝藏精选白话版》,于一九九七年,作为佛光山开山三十周年的献礼,隆重出版。

六七年间我个人参与最初的筹划,多次奔波往来于大陆与台湾,小心谨慎带回作者原稿,印刷出版、营销推广。看到它成为佛教徒家中的传家宝藏,有心了解佛学的莘莘学子的入门指南书,为星云大师监修此部宝藏的愿心深感赞叹,既上契佛陀"佛法不舍一众"的慈悲本怀,更下启人间佛教"普世益人"的平等精神。尤其可喜者,欣闻现大陆出版方东方出版社潘少平总裁、彭明哲副总编亲自担纲筹划,组织资深编辑精校精勘;更有旅美企业家鲁彼德先生事业有成之际,秉"十方来,十方去,共成十方事"之襟怀,促成简体字版《中国佛学经典宝藏》的刊行。今付梓在即,是为序,以表随喜祝贺之忱!

二〇一六年元月

目 录

原著序　001
译者序　005

1　沙漠绿洲中盛开之花
　　——华严经　001

2　赞佛之歌
　　——世间净眼品　013

3　世界之庄严
　　——卢舍那佛品　026

4　无边之光明
　　——如来名号品、四谛品、如来光明觉品　040

5　无碍之境界
　　——菩萨明难品　053

6　生活中之佛教
　　——净行品　067

7　净心之功德
　　——贤首菩萨品　081

8　清净梵行
　　——佛升须弥顶品、妙胜殿上说偈品、菩萨十住品、梵行品　094

9　初发心之功德
　　——初发心菩萨功德品、明法品　107

10　唯心之风光
　　——佛升夜摩天宫自在品、夜摩天宫菩萨说偈品　120

11　无尽之宝藏
　　——功德华聚菩萨十行品、菩萨十无尽藏品　132

12　无量之回向
　　——如来升兜率天宫一切宝殿品、兜率天宫菩萨云集赞佛品、金刚幢菩萨十回向品　143

13　欢喜之妙道
　　——十地品（一）　156

14 甘露之法雨
　　——十地品（二）　167

15 华严力之发扬
　　——十明品、十忍品　179

16 无量数与寿命
　　——心王菩萨问阿僧祇品、寿命品　192

17 文殊菩萨之圣地
　　——菩萨住处品　205

18 如来之光明
　　——佛不思议法品、如来相海品、佛小相光明功德品　217

19 普贤之行愿
　　——普贤菩萨行品　229

20 如来之示现
　　——宝王如来性起品　242

21 清凉之心水
　　——离世间品　254

22 善财童子求道
——入法界品（一）　267

23 唯一法门
——入法界品（二）　282

24 永远之求道
——入法界品（三）　295

原著序

现代人们所面临之最大问题，即超越国界属于世界性之问题；甚者，属于地球性之问题。诸如臭氧层之破坏、沙漠化之扩大、地球之温暖化、酸性雨之伤害、热带林之破坏、石油流出所引起之海洋污染，以及饥饿、贫困、难民问题等，其中任何一项问题，都非某一国家所能自行处理者，即为超越一国之国益，属于地球全体性所必须因应对策之问题。"国际化"，换言之，即全球性之观点（globalization），为二十世纪九十年代以至二十一世纪之一关键词句。可谓全地球性之观点与构思，迄今尚未有如此强烈之需求。

反观今日地球上之现状，国家与国家之间、民族与民族之间，不仅纷争不绝，甚且形成激剧纷争、对立之场面。然而，从另一角度观察，利害不同之国家或民族间，彼此认同其立场与主张，而形成融和与统合之局势者亦甚显著。

处于如此世界与人类之状况下，欲寻求新时代之指导原理，即探究新思想体系时，乍现于眼前者，为自利利他之大乘佛教教法，具体言之，即《华严经》之教说。

《华严经》强调诸法之相互关联性。个体与个体之间不互相侵害，于彼此融和之际，每一个体亦能独自存在。即一切诸法彼此于完全融和时，同时能彼此有秩序地完全保有自性，此乃《华严经》之教法。

中国自古以来，即有自宇宙之视野探讨人类之所谓庄子哲学。《庄子》之《齐物论》，乃阐释万物一体之思想。庄子将自他互不对立之境地称为"道枢"。于"万物齐同"之实在真相中，大即小，长即短，个体即普遍。此思想与《华严经》所说"一即多、多即一"，非常类似。《庄子·齐物论》之思想，与印度典型之思维方式——《华严经》思想，互相融合而产生者，即中国"华严宗"之教说。

唐朝时，被誉为国际都市之长安，为与西域文化交流之重镇，且极盛一时，"华严宗"之思想即形成于此一时期。此即为世界主义者（cosmopolitan）所强调之思想。

《华严经》之思想，于中国思想史上有甚大之影响，如宋学之形成，或谓即受澄观之华严思想之特色——理事无碍之思想所影响。此外，于中国近代思想史上占重大席次之康有为（公元一八五八——一九二七年）、谭嗣同（公元一八六五——一八九八年）等，其思想中皆存在着华严思想。谭嗣同曾认为华严之莲华藏世界与自然科学之以太学说，颇有类似之处。

本书系将《华严经》各品之内容，做简洁性之介绍。《华严经》之教法，非仅止于深远之哲学条示。《华严经》之《净行品》中，有佛弟子每日必称诵之"三皈礼文"，有清净之生活或修行者所必须实践之德目。又《入法界品》中，详细叙说善财童子求道之历程。可谓《华严经》为实践生活上所依恃之重要经典。

在中国之佛教信者中，实践华严教法之修道者不胜枚举，彼等堪称为"华严行者"。有关《华严经》之教法，如何承受？如何实践？详细阐明此等问题者，即本书之主旨。因此，作者将此书题为《华严经物语》。

本书为使中国人亦能方便阅读，佛光出版社将刊行中国语版，此实为作者意外之欢喜。如此难解之书，承慈怡法师将之译为中文，特此表示深谢；又承佛光出版社诸位法师辛劳将此书出版，一并于此致上厚意。

镰田茂雄
一九九一年七月

译者序

《华严经》为大乘经典,部帙浩瀚,或六十卷,或八十卷,欲一睹而过,已非易事,更遑论精钻细琢。两年前,初抵日本时,于龙谷大学图书馆偶阅《大法轮》杂志连载之《华严经物语》,系佛学大家镰田茂雄教授之著作。镰田教授之文章,流利畅顺,引据亦皆大众易于接受者,心想如此创作应让华语圈内之读者亦能赏阅,于是,征得教授同意,遂将译稿逐期刊登于《普门》。

于龙谷大学佛教文化研究所研修期间,承所长井ノ口泰淳先生及渡边隆生、林田芳雄等先生诸多指导,以及京都大学胜村哲也先生之殷殷鼓舞,于研修之余,终于将《大法轮》分为二十四期之原著翻译完毕,于诸先生,特此致上诚挚之谢忱。

本书原题为《华严经物语》,为适应中文读者,将之改为《华严经讲话》。本书系作者依据六十卷《华严经》，并参阅历代华严行者之修持撰写而成。如此写作方式，堪称为创举。吾等于剖析华严教法之同时，更能清楚地了解华严行者之实践生活。诚如作者原序所言，《华严经》之教法，非仅止于深远之哲学条示，于日常生活中，或修行者之实践德目，在在皆与华严思想息息相关。此即谓《华严经》乃修持上一重要之依据经典。

两年来，无视于酷暑严寒，逐句将本书中译完成，借以希望有缘探究"华严"者，能将"华严"之实践德目，弘传于大众之日常生活中，让"华严"清净生活之理想，普遍于社会大众，以落实宗教之信仰生活。

最后，感谢原作者之慈允，《普门》暨佛光出版社诸编辑同人之辛劳，本书得以付梓出版，谨以此功德回向法界诸有情，有愿皆成。

慈怡

一九九一年七月

1 沙漠绿洲中盛开之花
——华严经

沙漠之绿洲——于阗

　　位于新疆维吾尔自治区塔里木盆地西南部之和田县，为南接昆仑山脉之城镇。公元一九一三年时，称为于阗县；公元一九五九年改称为和田县。此即沙漠之绿洲——昔时之于阗。

　　和田县，为包括自昆仑山系北流之白玉河与黑玉河等流域之大绿洲。因白玉河盛产白玉、黑玉河盛产黑玉而闻名。自河床所采收之玉，古来即为于阗之特产，西向至伊朗、伊拉克，东向则至中原地区，为重要之贸易品。因贸易而令于阗致富。除玉之外，尚有绢布，以及饰样华丽之地毯、褥垫等，颇受各国珍视。

　　于阗因位于东西贸易之要地而繁荣，更因吸收东西方两种不同文化而形成其独特之文化。伊朗系之琐罗亚斯德教于此盛行，佛教亦传入，且建有佛寺。

据《北史》卷九十七《西域传》载，于于阗，人民亦重视佛法，寺塔、僧尼甚多。其王亦信奉佛教，于六斋日时，必躬自洒扫，以谷物、果物供奉于祭坛。

于城南五十里处，有寺院名赞摩寺。即昔时罗汉比丘卢旃（毗卢舍那罗汉）为王塑造覆盆浮屠之所。又佛足石上，明显地留有佛两足之迹。

于阗西向五百里处，有比摩寺，相传为老子为教化胡人而成佛之道场。

如此盛传佛教之于阗国之废墟，现今于和田县城之南方约二十五公里处，有其古城之遗址，此即史书所谓之"西域"。遗址中残留有不少土堆及建筑用墙柱。都城南方有石塔，其高约六米余，周围约六十米，四周散置无数泥塑之残片。石塔附近有房舍之遗址，为流沙所覆盖。此处曾发现泥塑之佛像头，可知此房舍为寺院之遗址。公元一九七八年冬，曾于此寺院遗址中发现汉代"钱"之贮藏所，据称曾出土五铢钱（汉代钱之名称）九十余枚。

此寺院究竟为何名称？据推测，或为《法显传》所云之瞿摩帝（Gomati）大寺。

绚烂一时之寺院与行像

老法显为求残欠之律藏，自长安出发之时为晋隆安三年（公元三九九年，一说公元四〇〇年），恰于鸠摩罗什抵长安之前，亦为《华严经》之译者佛驮跋陀罗（觉贤）来长安之前七八年。

法显与慧景、道整、慧嵬等，为求戒律，自长安出发，经现在青海省西宁，至张掖，又经敦煌，渡沙河，而抵鄯善（楼兰）。此国约有僧四千余人，为一佛教国，然皆信奉小乘佛教。法显一行于此逗留约一个月，即向西北前进，约行十五日，至乌夷国（焉耆回族自治县）。乌夷亦为小乘佛教国，有僧四千余人。自此再经一个月又五天之行程，始达于阗。

依法显之记载，可获知公元四〇〇年前后于阗佛教之状况。于阗国家富裕，人民信奉佛法，约数万名僧侣，研学大乘佛教，为约大于鄯善、乌夷等国十倍之大佛教国。每户人家门前皆立一小塔，虽为小塔，其高约二丈余。

此国中，为接待旅游僧或客僧，造有高大僧房。当国王得知法显一行将至时，特敕留于瞿摩帝寺，此寺为大乘之寺，约住三千名僧侣。食堂中之威仪，皆依戒律行事，人众虽多，却寂静无声，法显亦颇为惊叹。

慧景等三人先行出发向竭叉国前进，法显为观此国之佛教仪礼——行像，而自行留下。所谓行像，即将佛像安置于装饰华丽之花车上，游行于市区，供人瞻仰。此为佛诞日之重要行事之一。自印度、西域，以至中国汉地，均以四月八日为中心而举行之。

于阗国有十四所大伽蓝，自四月一日起，即清扫道路、张灯装饰，并于城门上悬挂饰幕以为庄严。国王、王妃以及女眷等皆入其中。研学大乘佛教之瞿摩帝寺之住僧，因深受国王之尊敬，故于行像仪式时，均列队缓步于行列之前。

行像之车辆，于城外三四里处装置，其车为四轮车，饰有高约三丈余之御殿，七宝庄严，幢幡为饰。佛像立于车中，两旁为菩萨像，以金银装饰而成之飞天像，则悬挂于半空中。

行像之车抵城门约百步前时，国王即卸去王冠，着新衣，在裸足、捧香华之侍者随从下，出城门迎接佛像，国王顶礼佛足，为佛像散华、烧香。

当佛像抵城门时，于门楼上之王妃及侍女等，均纷纷散花供养。

于阗计有十四所大寺，每日一寺行像，十四寺结束时，已至四月十四日。此十四日间，于阗城内皆为庆祝释迦佛之降诞而欢愉。

《法显传》中，又记载着于阗之另一寺宇——王新寺，王新寺位于城西七八里处。自创立以来，已有八十年历史。据云，系历三位国王之经营始完成。佛塔高约二十五丈，堪称为一大塔。塔之建筑，以金银为主，并饰以众宝。佛塔之后为佛殿，佛殿之柱、扉、窗等，皆以金涂之。其间亦有装饰严丽之僧房。五世纪初，于阗之寺院，其堂皇、庄严，于此不难窥知。

向流沙去之支法领与渡海而来之觉贤

于于阗佛教全盛之时，有一汉族之求法者朝于阗而来，其名为支法领。支法领至于阗时，曾因于阗之大乘佛教兴盛，以及大伽蓝耸立而兴叹不已。支法领自汉地至于阗，乃为求大乘经典而来。于阗国王信奉大乘教，且自行供养大乘经典。

支法领于于阗滞留时，风闻一重要情报，即于阗国东南三十里处，有险峻之高山，其中秘藏无数大乘经典，由国家派人守护，且严禁持出国境。

支法领得知此事，即恳请于国王，请将《华严经》让其持往中国流传。国王感于支法领之求法心切，特允其请。支法领遂将《华严经》之前分三万六千偈之梵本持归长安。

此外，与法显同时出发，向印度求法之智严，迢迢抵达罽宾国。于罽宾国见到僧侣们戒律严谨之清净生活，衷心颇有感受，心想：中国之僧侣，有求道之意志，但却无真正指导之师，因此，于佛道乏人悟得。于是，智严即遍求罽宾僧侣，至东土教化。

时人告言："有佛驮跋陀罗（觉贤）者，生于天竺耶呵利城，姓释氏，代代崇佛。八岁出家，承佛大先禅师授禅法，现游化于此。"智严闻言，即确知此人乃弘禅、律于中国之人选。

佛驮跋陀罗者，即中国人所谓"觉贤"，此后，即以觉贤称之。

佛驮跋陀罗承智严之恳请，遂决心远赴汉土，且决定不经丝路，改由海路至中国。

翻越葱岭以外，自印度经陆路至中国，有两种路线：一即经由喜马拉雅山脉，即现今之尼泊尔，再横断经西藏，通过青海省，抵达兰州，再至长安。一即经过缅甸，自云南入四川，再经长安而洛阳。此中，不论何路，均需攀爬雪山（万年积雪之高峰），因此，觉贤决意不行此路。

觉贤沿恒河南下，于恒河口附近登船。想觉贤当时所行之路，定为通商之道路。觉贤渡过缅甸，经由泰国，达柬埔寨，再由海路沿印度支那半岛而至河内、番禺（今广州）。《高僧传》载其自交趾上陆，其意或谓沿途中之港口，或于缅甸南部上陆，横断印度支那半岛而达交趾，再自交趾沿海路至中国。

自交趾出发后，觉贤充分地发挥其超人能力。即船行至一小岛附近，觉贤告知船宜于此停泊。然船主却以客船顺风难值，乃随风再行，约前进二百余里，忽遇风向逆转，船仍被迫返回小岛。时，又值顺风，众皆主张前行，唯觉贤反对。不久，乘风前进之船只皆遭颠覆。其后，于暗夜时分，觉贤告知现宜出发，却无从其言者。觉贤遂自解缆，仅自船前行。是后，凡逗留该处之船只皆遭海盗洗劫，或被杀害。

此事说明觉贤颇具有神异之能力，及通晓航海之术。船自交趾出发后，直抵青州东莱郡。山东半岛之登州港，古来即为东亚各地海上交通之中心地，自交趾出发，理应于广州上陆，却远漂至山东半岛。法显亦然，返国时，亦漂着于山东半岛青岛附近之崂山。

持戒之觉贤与破戒之罗什

于登州上陆之觉贤，闻鸠摩罗什于长安，遂前往长安。其至长安之时，据推定当为公元四〇六年或公元四

○八年顷。

觉贤抵长安后，于公元四○一年至长安之鸠摩罗什甚表欢迎。自西域经凉州而抵长安、常时漂泊之罗什，或想从觉贤处多少获些印度、罽宾等地之最新情况。然而，当时以罗什为中心之长安教团，与觉贤之间，似不能融洽相处。觉贤本为严守戒律、修持禅观之禅者，而罗什却为被迫而犯女色之破戒僧。于罗什之教团中，觉贤似为不受欢迎之人物。罗什教团之僧众，颇受后秦国王姚兴之护持，然亦因而附会于政治权势，且常出入于姚兴之宫廷内；相反地，从不步入宫中之觉贤，独自孤高绝俗，因此，颇令人感到不对味儿。被罗什及其教团，包括政治权力者视为异端之觉贤，终于从长安被摈逐。

觉贤与弟子四十余人离开长安，自西域返国之宝云亦与觉贤同行。

觉贤一行蒙庐山慧远之厚爱，遂奔向庐山，承慧远殷殷款待。公元四一一年，觉贤于庐山翻译禅经。

约隔一年，觉贤下庐山，西行至江陵。公元四一三年二月，刘裕自江陵欲返建康，邀觉贤同行，觉贤遂至东晋之都，入住建康之佛寺。时建康之僧众，颇仰慕觉贤孤高之风格，皆致之以敬意。

支法领与觉贤之相会——六十华严之翻译

自于阗求得《华严经》梵本返回长安之支法领，此时亦离长安抵达建康。闻觉贤住于道场寺，遂商请觉贤翻译《华严经》。觉贤欣然受请，始译于晋义熙十四年（公元四一八年）三月十日，至元熙二年（公元四二〇年）六月十日完成，费时二年又三个月，此即六十卷之《华严经》（晋经、旧经）。

是后，又比对梵本校订，于永初二年（公元四二一年）十二月二十八日完成。时笔受者为法业。法业乃严持戒律之僧，通晓小乘佛教之教学，此次笔受《华严经》，实为中国人理解《华严经》之第一人，想法业受此破天荒之教法，死亦可瞑目矣！

时，道场寺之僧众，颇惊叹于大乘经典《华严经》之内容迥异于过去之所学。究竟毗卢舍那佛是何种佛？所谓光明者又若何？过去之佛教从未如此说。甚至有人怀疑是否受琐罗亚斯德教之影响而说光明？是否为真正之佛教？

通晓小乘教法之法业，于接触此一出奇之经典内容后，遂将其要旨撰写成书，即《华严旨归》二卷。法业乃欲汉土众人皆能理解华严教法，而热心撰写。至后时

大成华严宗之法藏，于其著书中亦谓"大教滥觞，业之始也"。(《华严经传记》卷二)

迄今为止叹未曾有之教法，《华严经》之梵本，若仅置于桌旁，或该受不敬之罪，因而考虑建堂祭祀，此即华严堂之建筑。位于道场寺一隅之华严堂，曾经入内参拜者，或许不仅支法领、法业二人，道场寺之僧众、一般之信众，参拜华严堂者相信为数不少。

获见于沙漠中之第二华严经——毗卢舍那罗汉与实叉难陀

公元四〇〇年顷，法显所见之佛塔、佛殿、僧房完备之于阗王新寺，于经过二百余年后，玄奘亦翩然而至。玄奘至此拜访时，其寺名称为娑摩若寺。高百余尺之佛塔耸立着，灵瑞事迹时可闻悉，从佛塔中偶亦放出神光。

其时，王城之南十余里处有毗卢舍那寺，为一大寺。此寺即《北史》卷九十七所述之赞摩寺，系于阗国之先王为毗卢舍那罗汉所建。毗卢舍那罗汉乃来自迦湿弥罗国之比丘，常于林中入定。王为之建造伽蓝，并请其弘扬佛法。其名为"毗卢舍那"，恰与《华严经》教主同名。

据玄奘之记录，七世纪前半之于阗，国王颇敬重佛法，自谓即毗沙门天之末裔。国内有百余伽蓝，僧徒五千余人。与四〇〇年前同为大乘佛教盛行之国。王城之西南，于牛头山之断崖间，建有寺宇一座，寺内所供奉之佛像常放光明。据云，昔时如来曾至此地为天人说法。

牛头山之内亦有石室，有阿罗汉于中入灭尽定，系为等待弥勒佛下生。虽经数百年，但却不改其姿态。

唐代时之于阗，有名为实叉难陀（公元六五二——七一〇年，学喜）者。时则天武后尊崇大乘，欲求《华严经》完整之梵本。据云于阗有所珍藏，遂遣使者至于阗，求《华严经》之梵本及翻译者。时应机而来者即实叉难陀。

公元六九五年，始译于东都大遍空寺，武后亦自临御法座，撰写序文。菩提流志与义净读诵梵本，复礼、法藏协助翻译。公元六九九年完成于佛授记寺。此即新译之八十卷《华严经》（唐经）。

唐经与晋经两者比较，唐经文字较流畅，且内容亦自晋经之"八会三十四品"调整为"九会三十九品"，形态上较为整然。

公元七〇四年，实叉难陀为探视衰迈之高堂老母，遂返回于阗；公元七〇八年应中宗之请，又至长安；公元七一〇年十月示寂，年五十九。火葬后唯舌不坏，遂将之送返于阗。又于长安城北门之外，古燃灯台附近，建造七层宝塔,时人称之为华严三藏塔。

《华严经》为不可思议之经典。不论晋经或唐经,其梵本皆存于于阗。于阗乃大乘佛教兴盛、保存大量大乘经典之所。公元七九八年,般若三藏所译之四十卷《华严经》,并非完本,仅《入法界品》而已。此四十卷《华严经》,系公元七九五年,南天竺乌荼国之师子王,将手书之《华严经》梵本呈送唐德宗者。

《华严经》之二种梵本皆在于阗被发现,此或显示着《华严经》系于阗编纂之可能性颇大。且如前所述有关于阗之传说,所谓毗卢舍那罗汉,恰与《华严经》之教主同名。

沙漠中之绿洲于阗,即今之和田县,虽昔时之城址及寺址皆成废墟,然此地曾为信奉大乘之佛教国,且藏有多数大乘经典,其中之一即《华严经》。此经之梵本虽历三百年之久仍存在于于阗,一于公元四二〇年、一于公元六九九年分别译成中国之语言。

2　赞佛之歌
　　——世间净眼品

天兵与阿修罗之战

　　大戈壁沙漠之绿洲都市——和田（于阗），有一出家不久之沙弥，其名为般若弥伽薄（以下略称"般若"）。般若颇能严守戒律，且时时读诵《华严经》。据称于于阗藏有不少经藏，如《华严经》之原本，若非至于阗则无法获得。

　　般若亦于于阗之一寺内所藏经藏中获得《华严经》，且于读诵时颇有心得。《华严经》经文冗长，自始至终详细读诵，亦煞费周折。般若费时多年，一心读诵，常感灵验事迹。

　　一日，有不明之异形者二人，出现于般若面前，合掌、礼拜后，于般若之前就座。般若直觉此二人并非人类，讶异地询问来自何处。二异形者以手指天，答道："我俩本居天上，欲带法师至寂静之天界。"

稍事停顿后，又道："事实乃天帝遣我俩前来迎接法师。"

因事出突然，且不可思议，因此，般若甚感惊怖，忘然自失。时，闻空中有声音道："不必恐怖，请闭上双眼。"

般若不由自主地如言闭上眼睛。

一会儿工夫，般若已被带至天上。但见宫殿华丽、楼阁连立，天帝端坐于宝座上。

天帝见般若至，随即趋前跪下，说道："今，天众与阿修罗战斗，却屡败于阿修罗，故想请法师诵读《华严经》，引道天兵，以法力打败阿修罗。"

般若闻言，遂应允其恳请。

于是，般若乘天车，手持天之幢幡，心中默念华严经典，天兵等皆勇猛地向强敌进攻。阿修罗众见此情况，皆退散而去。

天众见阿修罗败退，大喜。对般若道："此皆汝之功劳，为表示谢意，若有所需请直言无妨。"

般若道："我并不需他物，仅想要'无上之觉悟'。"

天众道："汝之所言，非吾等薄力能及，有何吾等能达到之需求？"

般若仍言，除"无上之觉悟"外，并无所求。

不久，般若自天上返回人间之于阗国。所穿之衣服，因染有天上之香，故散发出馥郁之香气。直至般若死亡，其香气仍未消失。

般若自天上返归人间后，经过数年，与佛同样，右胁而卧，无疾而终。临终时曾言："我将转生于清净之佛国土。"

永昌元年（公元六八九年）二月四日，于阗国三藏法师因陀罗波若至长安，止于魏国东寺。时魏国东寺有华严宗之大成者贤首大师法藏。三藏法师向法藏提及般若至天上之事，此为距今三十五年前实际发生于于阗之事迹。（《华严经传记》）

上述之中，天之兵众与阿修罗战斗，因读诵《华严经》而击退阿修罗之事，即显示《华严经》有击败恶魔之力。此虽为于阗国所发生之事件，由此可获知《华严经》与于阗国关系之密切。

此外，在韩国，有关《华严》之文献（高丽均如之《释华严教分记圆通钞》《法界图圆通记》《法界图记丛髓录》）中，有五重之海印三昧，此皆为帝释天与阿修罗战斗之说。发生于于阗国之天兵众与阿修罗对战之事，系住于中国长安之法藏所传述；五重之海印所说帝释天与阿修罗对战之事，系华严宗第二祖智俨所说，而流传于朝鲜半岛。有关天帝与阿修罗相诤之事，亦载于《正法念处经》（卷十八）；然却未言及五重海印之事。此实为不可思议之事。

杂华装饰

六十《华严经》为三十四品所成，第一品为《世间净眼品》。即叙述以净眼普照世间之佛陀出现于世，即于摩竭陀国尼连禅河畔，佛陀成道处之聚会。

经文首先描述佛成道之处——寂灭道场之大地、菩提树、佛座等情况。

其地金刚，具足严净。众宝杂华，以为庄装；上妙宝轮，圆满清净；无量妙色，种种庄严，犹如大海……

诚为绚烂世界之描写。此外，"以杂华为装饰"即华严之意。华严之梵语 Gaṇḍavyūha，汉译为"杂华严饰"。据日照三藏云：vyūha，即西国所用以供养之佛具。其形状有六重，下宽广，上窄狭，饰以华宝，一一重内皆安置佛像。（《探玄记》卷一）

以杂华装饰，即华严之意。所谓杂华，即一切花之意。不论艳丽如牡丹，或令人怜爱之野菊等，皆属杂华。即以一切花装饰佛陀觉悟之道场。

此道场，不仅以众宝、杂华庄严，且有无尽之宝如雨般纷纷而下，更有光明遍照一切处。佛座背后之菩提树，亦放出毫光普照十方世界。其树干为清净之琉璃（青玉）所成，一切树枝、树叶、花等皆由宝石严饰。佛所坐之师子座，广如大海，以宝华庄严，亦散放着光明。

于阗国般若于天上所见之宫殿楼阁，相信定与此经文中所述之庄严世界全然相同。即由宝华、宝轮、妙色、幢、香鬘、宝网、雨宝、华树、佛力、奇特十种之严净装饰而成。不论天上界之庄严，或地上界之庄严，实际上仅为一种。

其国土之地下，以风轮、香海、莲华等装饰；地上则以妙宝、光明、香河、树网等装饰。昔时之绿洲都市于阗，自河中可出产宝石，绿洲之树木苍翠，为旅人眼睛休憩之所。又出产宝石之香河中，时时可见太阳光灿然发亮。于阗之国土，或者的确如经文中所述之情况。

开净眼

佛于上述极其庄严之寂灭道场菩提树下开悟。菩提树之树干，由清净之琉璃（青玉）所成，树枝由妙宝所成，树叶如云般垂下，果实为摩尼宝珠，自树上放出亮光，普照十方世界。

佛今坐于师子座。佛为人中之师子，不论坐于林中，或坐于地面上，其宝座皆称师子座。佛坐此宝座，毫无所畏，如师子吼般宣示教法。

"不可思议之师子座，犹如大海"，此师子座之不可思议，即能包含一切人类及十方一切诸佛。

佛于此师子座成等正觉。智入三世，悉皆平等；其身充满一切世间，其音声响遍十方世界；其智慧遍于虚空，平等救护一切众生；智慧之光普照暗夜，充满着无限光明；大开方便门，普化一切众生。

净眼之明珠

佛之四周，此时有菩萨、金刚力士、龙神、地神、树神、药草神、谷神、河神、海神、火神、风神、虚空神、主方神、主夜神、主昼神、阿修罗神等天地诸神，及夜摩天王等世界诸王聚集一处。时，众皆交相赞佛，吟唱赞歌。

首先，有善光海大自在天王赞道：

> 佛难思议无伦匹，相好光明照十方；
> 大圣世尊正教道，犹如净眼观明珠。

天王之赞歌相续不断，现仅举其中较重要者列于后。首先，净智天王之赞歌：

众生愚痴瞽心目，无限轮回生死中；
如来道以清净道，开示无上最胜门。

众生因愚痴之故，心眼被蒙蔽，而至于轮回中转生不已；佛对此类众生，特开示清净之道。

日月天子之赞歌：

痴冥众生盲无目，为斯苦类开净眼；
为彼示现智慧灯，得见如来清净身。

如前项所述赞歌，佛为迷盲愚痴之众生开净眼，令其能见如来之清净身。本品名为《世间净眼品》，乃佛为普照世间而以净眼示之。

自古以来，有"眼如镜"之说，若见其眼，即能知其人品，故目光清澈颇为重要。此处所谓之净眼，即指普照世间，救度众生迷盲之佛。若不以宗教之意义言，即目光清净者，其心亦清净；相反地，心地清净者，其目光自亦清净。于阗国般若之眼能见来自天上之二位使者，足见般若之眼确为净眼无疑。

法雨之雨

其次为月天子之赞歌：

> 大慈悲云靡不覆，佛身难思等众生；
> 普雨法雨润一切，是佛第一上方便。

佛身之应现与众生之数相等，因此，不论对何等众生，佛皆能为之应现。佛身非众生之眼直接能见，但不论于何处，凡众生所在之处，佛皆能应现。此与观音菩萨之应现三十三身完全相同。

何谓法雨？即喻佛之教法如雨。雨，能滋润众生及大地，能令草木生长；佛之教法亦然，为利益众生之法雨。普降法雨，滋润一切众生，乃佛之最上方便。"法雨"之名词，中国亦用来作为寺院之名称，如观音菩萨之道场普陀山，有法雨寺。

其次，持国乾闼婆王之赞歌：

> 众生无量忧苦海，佛能除灭悉无余；
> 佛以大慈多方便，能开众生清净眼。

所谓乾闼婆，为 gandharva 之音译，佛教天龙八部众之一，即侍于帝释天侧，司奏音乐之乐人。此王亦说佛为众生开清净眼。

接着金刚眼照力士之赞歌：

> 如来大圣自在力，充满一切诸法界；
> 法身示现无涯际，悉现一切众生前。

佛之自在力充满于法界，法身更遍于无限世界，且示现于一切众生面前。在《世间净眼品》中，相续不断之赞歌，至普贤菩萨始结束。金刚眼照力士之赞歌终了时，普贤菩萨环视位于佛四周之菩萨、天地诸神、诸天等一切大众，然后咏唱赞歌。其赞歌之内容谓，清净之佛国土，聚满清净之大众。所有国内之佛弟子，常可听闻微妙之佛法，瞻仰师子座上之佛陀。佛坐于师子座上，更遍于一切处，以无限方便，示现菩萨行。并以法性之眼，普视世间；佛身亦充满十方法界。能护十方诸国土，能除一切灾厄难；现自在之身，以清净音声说诸菩萨行。见永劫之时于瞬间，观变化之世相为真实法性。佛法虚空，清净无执；化现于世，菩提树下，成等正觉。以一音声，尽一切地；一一教法，亦悉无余。

普贤菩萨赞叹后，从装饰师子座之妙华、摩尼、宝轮、楼观等诸庄严具中出现海慧超越菩萨等无数诸大菩萨，皆设诸供养。

时，有一切海慧自在智明王菩萨以偈言供养。当此菩萨之赞叹结束后，莲华藏世界发生震动。此震动乃佛说法前之瑞相。以之令恶魔怖畏，令听法大众心安，并为众多众生示知说法场所。

于《世间净眼品》中，乃净眼之出现，即佛出现后，诸菩萨及大众欢喜相迎，并赞叹佛之伟大德行。

佛未出世时，一切众生无所依怙；皆如众盲，于暗夜中行步。佛始出现，如现净眼，故本品名为《世间净眼品》。佛入涅槃，则言"世间眼灭"。

佛之赞歌

于于阗国，般若至天上界，因诵《华严经》而令阿修罗退散之事，可详知《华严经》之威力；然而，究竟以何因缘而有此经之成立？例如《法华经》，叙述如来以一大事因缘而出现于世，为开示佛之知见，为令众生悟入佛之知见，而说《法华经》。至于《华严经》，系以何因缘而示现？有关此事，法藏于《探玄记》（卷一）中，叙说十种缘由，要约如下：

（一）法尔之故：一切诸佛法尔皆于无尽世界转无尽法轮，非待因缘而说。法尔者，即于自然之情况下说法。诸佛法尔常说，此即《华严经》。

（二）愿力之故：因如来之本愿力，此教法适应众生之机故说。如《卢遮那品》："十方国土中一切世界海，佛愿力自在普现转法轮。"

（三）机感之故：佛为应众生之机，故现身说教。如"佛身充满诸法界，善现一切众生前"。

（四）为本之故：佛为初说此经法，是后再说其他经典，以《华严经》为根本法轮。

（五）显德之故：为显示佛果殊胜之德，令菩萨生信而得悟。

（六）显位之故：为显示十信、十住、十行、十回向、十地，以至佛地阶位；又显示一一阶位，若皆能满，则能至佛地。

（七）开发之故：为开发众生心中所具之佛性功德，而依此修学。

（八）见闻之故：为令众生能见闻无尽之法门。

（九）成行之故：为令完成普贤之行，为说一行即一切行；若能彻悟一行即能至究极。

（十）得果之故：为令除障而得佛果，故说此经。

法藏以上述之十种缘由，为佛说《华严经》之原因。无尽圆满之法门，非极位之大菩萨不能理解；如吾等程度低劣，又不修行者，当然无法理解。因此，佛为说《华严经》，令众生能理解无尽圆融之教法，此为《华严经》成立之因缘。

然而，不能受持《华严经》，不能信奉华严教示者亦不乏其人。法藏之《探玄记》（卷一）说有五种人：

（一）违真非器：不发菩提心，不求出离，依傍此经，求名求利，自我装饰者，非受持《华严经》之器，为名利而说法者为魔业。

（二）背正非器：诈现大心，伪修邪善，求死后感人天果报；恐堕阿鼻地狱，如提婆达多者，皆非受持此经之器。忘失菩提心而修诸善根者是为魔业。

（三）乖实非器：依自我之见，以取经文之意，实无法理解高深之教法，此类人等，非受持此经之器。

（四）狭劣非器：不持广大心，仅求自我之觉悟者，非受持此经之器。如声闻、缘觉等二乘人，不闻此经之教法，何况受持！

（五）守权非器：未完成长远之修持，即未入初地之菩萨，非真正之菩萨，此种人亦非受持此经之器。

听闻《华严经》之教法，且能付诸实行者，无有不信奉此经者。

> 虽在于大海，及劫尽火中；
> 决定信无疑，必得闻此经。
>
> （《十地经论》卷二）

如此，虽处于大海与劫火之中，而能信奉无疑者，方能听闻此经之教法。

于阗国之般若，实为《华严经》之"器"。般若能一心诵此经文，以其读诵力而感应天上，以至帝释天派遣二位使者至般若处。即使处于大海与劫火中，般若对此经之信心绝不退失。因此能至天上，令阿修罗败退。

又般若所求者乃无上之觉悟，于其他则一无所求。

此经第一品《世间净眼品》中亦出现有阿修罗。虽身为恶鬼，但对以世间之净眼而示现之佛陀所具之智慧，亦不免要表示赞叹。以"恶魔身而赞叹佛陀"之形态出现者，即本品之所说。

从大菩萨、一切诸神，以及诸大王等之聚集，共为赞叹佛陀智慧而开始之《华严经》，其构成之规模，堪称庞大。

世间之一切森罗万象，不论树木、森林、河川、大海，聚集所有一切能生或所生而成之一大曼荼罗之世界，即此《世间净眼品》。其中，以佛陀为中心，相续不断之赞佛歌声，形成一庞大合唱团，《华严经》之序幕亦由此而揭开。

3　世界之庄严
——卢舍那佛品

提云般若与华严部经典

翻译八十卷《华严经》之实叉难陀，系于阗国出身；于洛阳魏国东寺翻译华严系经论之提云般若，亦为于阗人。不可否认，于阗与《华严经》有着深切之关系。

提云般若（天智）学通大小乘教法，长于咒术，亦擅禅观，实非仅为"学者"而已。于永昌元年（公元六八九年）至洛阳，谒见则天武后，武后敕命住于魏国东寺。魏国东寺，系武后为其逝于咸亨元年（公元六七〇年）之母杨氏所建之寺院，初名为太原寺。垂拱三年（公元六八七年）改为魏国寺，载初元年（公元六九〇年）改为崇福寺。太原寺因分设于东西两京，故魏国寺亦成东西两魏国寺，于洛阳者为魏国东寺，于长安者为魏国西寺。

提云般若抵"魏国东寺"之前，地婆诃罗（Divakara，日照三藏）于其前身——东西太原寺从事翻译。东西太原寺（东西魏国寺）中设有译场，于中从事译经。如中宗神龙二年（公元七〇六年），菩提流志（Bodhiruci）译出《大宝积经》。是后，般若三藏译出《四十华严》亦于此寺。华严部经典之翻译与此寺之密切关系，实有特别注目之必要。

至于提云般若所译者为何？与《华严》相关者有下列两种：

《大方广佛华严经不思议佛境界分》一卷（或曰二卷）

《大方广佛华严经修慈分》一卷

前者于永昌元年（公元六八九年）洛阳之魏国东寺，后者于天授二年（公元六九一年）同寺（时魏国东寺已改为大周东寺）译出。（《大周录》卷二）

《大方广佛华严经不思议佛境界分》不仅有提云般若之译本，实叉难陀亦有译本。二人皆出生于于阗，同样译出与《华严》相关之经典，此实为此经流布于于阗之证据。

此经与六十卷或八十卷之《华严经》之各品并未完全雷同。即叙述佛陀入于如来不思议佛境界三昧，于相好中示现十方诸佛刹,以及过去修行之种种情况。可说即相当于大本《华严经》之序品,亦可认为系《华严经》之缩图。

《大方广佛华严经修慈分》亦属华严部之小经典,即叙说慈心之重要,并赞叹实践慈心者之德行。

莫高窟之卢舍那佛像

敦煌莫高窟之第四二八窟,为代表北周之最大洞窟。此洞窟之南壁中央部分有一幅奇异画像,即上至天界,下至地狱等三界六道之情况,全描绘于佛陀身上。即上边肩部画诸天,中央部分画须弥山及阿修罗,下边之衣服部分则画人、畜生、饿鬼等。或有人谓,此佛像可能即华严教主卢舍那佛。

与此像类似者,于克孜(kizil)、龟兹等之壁画中亦可获见。又佛像颈部折返之通肩,与于阗之像相同。(石田尚丰《华严经绘》至文堂)

于阗出身之提云般若,所译《大方广佛华严经不思议佛境界分》中,叙述佛于菩提树下,入不思议佛境界三昧,于三十二相、八十种好中,显现佛过去修菩萨行时之种种情况。即自光照王之因缘开始,乃至究竟之宝光如来为止之各种苦行。亦即显现舍弃头目、手足、身份、妻妾、男女、奴婢、僮仆、作使、大位、宫殿等情况。

于佛陀来说，乃将其过去修行时之各种情况，示现于身相中；于毗卢舍那佛来说，则于身相中示现诸天以至地狱等三界六道之情况。

西域地方之毗卢舍那佛为立像。长安常乐坊赵景公寺华严院中，真鉴之卢舍那佛亦为高六尺之立像。若云岗石窟第十八窟之本尊之立像为卢舍那佛，则知南北朝以至初唐，卢舍那佛之像皆为立像，是后之唐代，以及日本之像则为坐像，两相比较，实为耐人寻味之事。

毗卢舍那佛之"毗卢舍那"（vairocana），译为光明遍照。依据法藏之解释，于光明中有智光与身光二种。"智光"中亦有照真理之光与照一切众生之光等二义；"身光"中亦有常恒不断之光，以及依此光能令众人觉醒等二义。又智光与身光为一体无碍，充满法界，且能于一切众生前，自其身相中放出光明。

于《华严》中，毗卢舍那佛不仅为报身，亦为通于一切之法身。不论佛、众生或国土，一切可视为皆系毗卢舍那佛之示现。有关毗卢舍那佛之叙述，即《华严经》之《卢舍那佛品》。

莲花之花瓣

于《卢舍那佛品》中，诸菩萨及世界诸王，向佛请问有关佛之境界、佛之光明、佛之音声，以及世界海、众生海、佛海等，究竟为何。在一片请问之场面中，即展开《卢舍那佛品》之叙述。

其时，世尊自口齿间放出无数光明，此为清净无碍、充遍法界之光明，亦为庄严法界之光明。自口齿间放出无数光明之形像，着实绚烂无比。此光明遍照于一切国土。

凡见此光明之诸菩萨，皆能洞见莲华藏世界。有一菩萨于感激之余，说道：

> 无量劫海修功德，供养十方一切佛；
> 教化无量众生海，卢舍那佛成正觉。

卢舍那佛经无限长之时间，修持功德，供养一切诸佛，救度一切众生，始觉悟成佛。

接着又道：

> 卢舍那佛大智海，光明普照无有量；
> 如实观察真谛法，普照一切诸法门。

卢舍那佛放出无限光明,如实地观察真谛法,而说一切教法。

于此莲华藏庄严世界之东方,有净莲华胜光庄严世界,南方有众宝月光庄严藏世界,西方有宝光乐世界,北方有琉璃宝光充满藏世界;又其东南方有阎浮檀玻璃色幢世界,西南方有普照庄严世界,西北方有善光照世界,东北方有宝照光明藏世界,下方有莲华妙香胜藏世界,上方有杂宝光海庄严世界。于此诸世界中,有佛国土,且各有其佛名、菩萨名,以及所有眷属。

此诸世界及佛国土,其数无量;佛国土中菩萨亦无数。此无数诸菩萨,又各率其无数眷属菩萨,于其间结跏趺坐。此时,结跏趺坐之诸菩萨,各从其毛孔中放出光明云,又从其光明中生出无数诸菩萨。与此同时,现出无数佛国土;其佛国土中,又现出三世诸佛之形像。此时,诸佛各说诸种教法,教化众生,以灭众生之诸恶道苦。

其时,世尊自眉间白毫相中放出光明,遍照一切佛国土。其佛国土中,各生大莲华。从大莲华之茎中生诸宝石,莲叶则覆住一切法界,莲华之台系由砂金所成。法藏解释此莲华道:莲华者,开敷之故,出三乘之水故,不染之故。为众圣之蜂,探证之所故。(《探玄记》卷三)

莲华之开花,能遍覆一切,故有开敷之义。莲华能出三乘之水，其水最后亦归于一乘。莲华花色洁白，不受污染，其花有微妙之美，故为群蜂求蜜之所，此乃表示莲华之受重视。

世界方圆如水

时，从佛之眉间生出一大菩萨，其名为一切诸法胜音菩萨。此菩萨以偈文赞佛道：

> 佛身充满诸法界，普现一切众生前；
> 应受化器悉充满，佛故处此菩提树。

此即为卢舍那佛遍满法界之示现。佛身遍满法界，同时又应现于众生之前，甚且不曾离开菩提树下正觉之座。

其次，有勇猛、不知怖畏之师子炎光奋迅音菩萨说道：

> 卢舍那如来，转清净法轮；
> 一切法方便，如来云普覆。

此即叙述卢舍那如来之转法轮。谓卢舍那如来说法，不仅为众生而已，同时普及于法界一切、山川草木等。能为此世界之所有一切遍转法轮者，即卢舍那如来。所谓法轮,即指佛之教法。佛之教法圆满,且具诸功德,能破众生之惑障,而令至佛果,故称为法轮。莫高窟卢舍那佛之腹中,所以能容纳六道之世界,即卢舍那佛之教法远及天界以至地狱之故。

时,普贤菩萨坐于师子座,入一切如来净藏三昧。诸佛皆赞叹普贤菩萨之进入三昧,并以智力加持之。十方诸佛更伸手为普贤菩萨摩顶,众中菩萨皆以偈文赞叹之。时普贤菩萨承佛之神通力,欲为大众叙说诸佛清净不可思议之智慧。

普贤菩萨自三昧起,时世界六种震动,一切如来大众海中,雨十种宝王云。普贤菩萨欲令大众欢喜,以偈文说道:

诸佛深智功德海,充满无量无边刹;
方便随众所应见,卢舍那佛转法轮。

接着,普贤菩萨更为之说十种世界海。所谓十种世界海,即:(一)说世界海(二)起具因缘世界海(三)住世界海(四)形世界海(五)体世界海(六)庄严世界海(七)清净世界海(八)如来出世世界海(九)劫世界海(十)坏方便世界海。此十种世界海,已成、今成、当成。此诸世界海,以无数因缘具故成立。

时,普贤菩萨告诸菩萨道:"佛子!诸世界海有种种形，或方或圆，或非方圆，或如水之洄测，或复如华形，或有种种众生之形者。"

即谓于世界海中，有方形者、有圆形者，亦有非方非圆者；有如水之回转者，有如花之形状者，亦有如众生之形者，等等。

接着，普贤菩萨又说世界海之体、世界海之庄严、世界海之清净、世界海之诸佛、世界海之劫等。所谓世界海之"海"者，法藏之说明为"繁多奥积，深广难穷，名海"。(《探玄记》卷三)

所谓世界海，即说世界海之深邃、广大、无限。

佛国土者为画师之所造

普贤菩萨接着又告一切大众道："诸佛子！当知此莲华藏世界海，是卢舍那佛本修菩萨行时，于阿僧祇世界微尘数劫之所严净。"

即说莲华藏世界乃卢舍那佛于修菩萨行时，经长时间所庄严之世界。

此莲华藏世界系由无数风轮所撑持。此世界中，有铁围山、香水海、香水河、宝树等。此等或由想象而生出者，然抑或撰《卢舍那佛品》之处，有类似之山、河、池等存在。

普贤菩萨又道：

> 种种华香及幡盖，一切菩萨充法界；
> 能说一切语言海，是卢舍那转法轮。

即说诸多菩萨各持华、香、幡等，遍满一切世界，其中，卢舍那佛以各种语言说诸教法。此实为绚烂华丽之庄严世界。

此世界中有香水海。其海为众宝所饰，海岸由摩尼珠造成，地面上覆以诸宝罗网。海中充满宝水，岸边敷满花朵，旃檀之香更盈溢于水中，处处皆可听闻佛之音声，此即为香水之宝海。

接着普贤菩萨又道：

> 卢舍那佛过去行，令佛刹海甚清净；
> 无数无量无边际，彼处一切自在转。

此香水海之所以清净，乃卢舍那佛过去之修行。以过去修诸菩萨行，而令香水海清净，实为一重大之事。可知以修行而令世界清净，颇为重要，因修行非仅为个己之完成，实乃为世界之完成。

香水海中有香水河。此香水河，乃自佛眉间之白毫相所流出。香水河所流经之处，皆饰以金刚宝华，其地并以砂金铺之。

经文中接着又叙说无数之香水海及世界。此诸佛国土，果真乃现实存在之客观世界否？经文接着又说道：

> 犹如工幻师，能现种种业；
> 如是众生业，佛刹不思议。
> 如是彩画像，知是画师造；
> 如是见佛刹，心画师所成。
> 众生心不同，随起诸妄想；
> 如是诸佛刹，一切皆如化。

此即说使用幻术，能造诸物；又如画师所画诸像，诸佛国土，皆由众生心之所造。一言以蔽之，即由心所造出之诸佛国土，有各种形状存在。

所谓佛国土，一方面系因卢舍那佛之清净所成，一方面则因众生心之所造，如幻之化现。即绚烂华丽之清净佛国土，为卢舍那佛之所造；余诸国土则因众生心之妄想所成。

精进之力——普庄严童子

清净之佛国土，为佛所造；污染之国土，为众生所造。又国土之成立，以及国土之坏灭，皆由众生之业所起。经文至此，则由叙说绚烂豪华之佛国土，转而叙说暗暗之国土情况。

> 或有佛刹起，泥土不清净；
> 离明常暗冥，罪众生所住。

此即为暗黑之国土。由暗至暗，为晦冥所笼罩之国土，即暗夜之世界。为犯罪众生所住之世界。

> 或有泥土刹，烦恼大恐怖；
> 乐少忧苦多，薄福之所处。

此即为泥沼之世界。为烦恼所逼，受苦多，无幸福之世界。亦即阎罗王所处之地狱，为受饥、渴等苦之处所。

接着，叙述苦乐共存之世界，以及光明辉映、宝香四溢之极乐世界。普贤菩萨所祈愿之世界，即此清净之国土，此即为"佛国土"。

所谓国土，有各色各样之国土：

> 或国土无佛，或国土有佛；
> 或国土一佛，或有无量佛。

有佛之国土、无佛之国土、一佛之国土、无量佛之国土，可谓国土之形形色色。曾是佛教国，而又繁荣之于阗国,有无数诸佛存在。

其中,经文又叙述净光普眼世界海。此世界海乃类似极乐净土之殊胜世界。此国中有一林观,林观之东方,有焰光城;南方有树华严城。此外,亦有龙、夜叉、乾闼婆、阿修罗、迦楼罗、紧那罗、摩睺罗伽等八部众之城。

此中,焰光城有王名爱见善慧王。此王统率百亿之城,拥有三万七千夫人采女,二万五千子。其次子名普庄严童子。此童子因善根深厚,能深入三昧中。其赞佛之音声,能响彻国中。爱见善慧王闻悉,亦甚欢喜,更以偈文颂之。于是,令清净城域,扫除街道,以众宝庄严饰之。而后与妻子、眷属等共诣佛所。

其时,佛为教化众生,而说示教法。闻佛说法后之普庄严童子,复入三昧中,能见一切诸佛过去之功德海。普庄严童子又说偈文赞之,令一切众生起道心。佛因此更为童子说法,道:

> 懈怠者不能,解深方便海;
> 精进力成就,能进佛世界。

此即谓依精进力能入佛之世界。

因佛之教法,普庄严童子得入一切法普门欢喜藏三昧,乃为能令一切众生欢喜之三昧。普庄严童子者,实为修行者之代表。即童子深入三昧，为自利行；以偈文将教法示之大众，为利他行。兼修自利、利他二行者，即此普庄严童子。《卢舍那佛品》，在最后叙述"一修行者"完成其修行后，即告结束。

4　无边之光明
—— 如来名号品、四谛品、如来光明觉品

换头之求那跋陀罗

位于湖北省中南部之江陵，为长江沿岸之都市，昔时称为荆州，为中国南北交通之要地。今以荆州缎子、卷画等器闻名。

此荆州之地，于公元五世纪中叶，为南谯王义宣之辖地。义宣为一佛教信者，有远自锡兰（斯里兰卡）来中国之求那跋陀罗（Guṇabhadra），义宣颇敬重之，特于辛寺增筑房舍，供其安住，并推展经典之翻译事业。求那跋陀罗于此译出《过去现在因果经》等多数经典。弟子法勇亦协助翻译，法勇曾留学印度，通晓梵语。

时，义宣曾请求那跋陀罗开讲《华严经》，然因求那跋陀罗对于中国语言并不十分流畅，颇感困恼。因欲以异国语言开讲,语言若不通顺,实为一大障碍。因"讲说"实比仅用眼睛阅读、再做翻译还要困难太多。翻译经典时,有梵汉皆通之法勇协助;而讲说则需独自承担,实非易事。

而《华严经》又是义理深奥。

求那跋陀罗为中天竺人,婆罗门出身,幼时即学遍天文、医学、咒术等,于偶然中涉猎佛教经典,即深自期许。然家人却不允许其出家为佛教沙门。无奈之下,便离家隐遁,后入佛门出家。

求那跋陀罗出家后,先学小乘经典,后欲进学大乘,其大乘师告曰:"欲求大乘,先探取经匣。"

求那跋陀罗遂于经匣中,顺手取出一部经典,是为《华严经》,其师说道:"汝与大乘之因缘颇深。"

求那跋陀罗于是开始研读《华严经》,是后更能开讲《华严经》。当然,求那跋陀罗于印度开讲,系用印度语言讲说。

如此,与《华严经》因缘匪浅之求那跋陀罗,远来中国以后,又被邀请讲说,难免心中踌躇不决。于是,求那跋陀罗遂向观音菩萨祈求冥应。朝夕礼拜,祈求菩萨赐予神通力。

观音菩萨,即《华严经·入法界品》所说之菩萨。于《入法界品》中,善财童子至补怛洛迦山(Potalaka,

光明山），于山之西侧岩谷、金刚宝石上，谒见观音菩萨，乞求菩萨垂示教法。时菩萨曾说道：

> 愿诸众生，若念我，
> 　若称我名，若见我身，
> 　　皆得免离一切怖畏。

求那跋陀罗于困恼中猝然忆起此事，即观想观音菩萨、称念观音菩萨，观音菩萨，能除去众生之一切怖畏及挂碍。于是，求那跋陀罗一心祈愿。

一日夜里，于梦中见一人来，其人身着白衣、手持利剑，并抱一"人头"。至求那跋陀罗面前，问道："因何事忧虑？"

求那跋陀罗遂将讲说《华严经》之事说出。于是，白衣人口说："不必多忧！"手中利剑已将求那跋陀罗之首级砍下，随即将所抱人头换上。白衣人于换好头后，又令将头左右转动，并问："痛否？"求那跋陀罗答曰："不痛。"

于白衣人消失之瞬间，求那跋陀罗豁然觉醒，心中甚感愉快。翌朝，即能以中国话开讲《华严经》。

于求那跋陀罗梦中所现之白衣人，无疑地即为观音菩萨之化身。观音菩萨为求那跋陀罗另装新头，令之能以中国话讲经。此实为《华严经》所说，观音菩萨之能托梦。

求那跋陀罗至广州时，为元嘉十二年（公元四三五年），做梦之事或为元嘉末年（公元四五一年）之时。时距至中国已历十数年，或此时已能以中国话开讲经典。

此外，求那跋陀罗曾于海中称念观音菩萨名号因而获救，事载于《高僧传·求那跋陀罗传》中，由此可知求那跋陀罗与观音菩萨结缘之深。且观音之信仰并非缘于《观音经》，乃缘于《华严经》中所说之观音菩萨。

《华严经》之译出，虽始于公元四二〇年，然有关《华严经》研究之盛行，或于二三十年后之事。法业著有《华严旨归》，其弟子昙斌亦为《华严经》之研究者。昙斌于出家后，曾住江陵辛寺研究经论，或于初会求那跋陀罗时，始知其名，令华严之研究急遽展开者，求那跋陀罗之贡献颇巨。

佛名无尽——名号品

世界中，自娑婆国土开始，有无数世界。其无数世界中，佛之名号亦无数。此乃如来以身口意三业为令众生知如来教法所示现者。《如来名号品》，乃说如来之身业遍满一切处，普示一切众生。"名号"者，系依如来之身业所成，故此品中叙说如来之各种名号。求那跋陀罗曾读诵《华严经》，或者求那跋陀罗亦曾惊讶于如来名号之多。

"佛在摩竭提国寂灭道场，初始得佛，普光法堂，坐莲华藏师子座上。"由此经文开始，即为《如来名号品》第三。

佛于普光法堂宣说教法，此即普光法堂会之始。普光法堂会计有（一）如来名号品（二）四谛品（三）如来光明觉品（四）菩萨明难品（五）净行品（六）贤首菩萨品等六品。华严宗大成者法藏将此六品分为：前三品系为"信"之对象——如来之身（名号品）、语（四谛品）、意（光明觉品），后三品则为"信"自体之解（明难品）、行（净行品）、证（贤首品）。

普光法堂莲华藏之师子座上，佛端正地坐着，其四周集满来自各世界之菩萨。其名为文殊菩萨及觉首、财首、宝首、目首、进首、法首、智首、贤首等诸菩萨。此诸菩萨与无数诸菩萨皆远自各国土参谒而来，礼拜佛足，虔敬供养后，皆于佛之四周结跏趺坐。可谓系来自宇宙尽头之菩萨大集会。

此时，文殊菩萨承佛威神力，观察大众后感叹地说："何等殊胜之事啊！如此诸菩萨之大集会，可谓前所未有。"

众生之能力、性质、想法各均不同，佛为教化此等众生，而为现各种身，以各种名而教化之。

此即佛之名号所以如此之多。例如佛又称为悉达、满月、师子吼、释迦牟尼、神仙、卢舍那、瞿昙、大沙门、最胜、能度等，其名号可及一万之数。仅此一世界，佛之名号即有一万种。至于其他世界之佛号亦有一万种。此世界者，有善护国、难养国、佛慧国、师子言国、安宁国、喜乐国、坚固国、须菩提国、炎道国、持地国等，仅此娑婆世界，即有无数诸国，其国各自有无数种佛之名号。娑婆世界之东、西、南、北，亦有无数诸世界中，此诸世界，亦各有难以数计之佛名号。

如此，为何国土及各场所不同，则佛之名号即相异？于《如来名号品》之结尾，有如下数语："是皆如来为菩萨时，有因缘者为度此故，种种方便，口业音声，行业果报，法门权道，诸根所乐，令诸众生，知如来法。"

此即谓佛于修行菩萨道时，因济度众生之因缘，为救度各种不同之人，而用各种方便法，说各种法门，且改变各种形象，说浅易之法，应众生之能力，令能理解佛之教法，因此之故，佛之名号亦各有不同之称呼。

无量之真实——四谛品

《名号品》中述说有关佛之无数名号，其次之《四谛品》，则详明各世界中有关四谛之不同名称。即前品（章）中，为说法者之不同名号，此品则为所说之真理之不同。

佛陀觉悟后，最初之说法为四谛八正道。四谛又称为四圣谛，即四种殊胜之真理之意。谛者，即真理，或真实之意。四谛者即（一）苦谛（二）集谛（三）灭谛（四）道谛。苦谛者，说明"人生是苦"之真理。集谛者，说明"苦之原因乃为无明"之真理。灭谛者，说明灭除烦恼之理想境界。道谛者，说明达到灭谛之理想境界，应修持何种法门。又苦谛者，即受苦之现实人生；集谛者，即说明所以迷惑受苦之依据。苦谛与集谛乃凡夫流转之形象，即述说迷惑之实相。相反地，述说理想境界，以及如何达到此理想境界之方法，即为灭谛与道谛，此乃说明觉悟者之形象。

叙述此四谛有无数之名称者，即为《四谛品》；说此法者，为文殊菩萨。

首先，说明娑婆世界中之苦谛，为害、逼迫、变异、境界、聚、刺、依根、不实、痈、童蒙行等。其中，变异者，即自身所爱者，或执着者，将起变化而至破灭。聚者，即生老病死等四苦，或八苦，聚集而成。依根者，依于苦而生一切恶，根为苦之意。或谓此六根或感觉器官而生种种苦。痈者，即恶性之肿块，生此肿块，能令人痛苦，此乃苦谛之示现。最后之童蒙行者，即如童子无知之行，亦能致苦。此外有关苦谛之名称，从字面上即能了知其意。

娑婆世界之"娑婆"者，为梵语saha之音译，堪忍之意，又译为忍土、堪忍土等。即出生于此现实世界之一切人等，堪于忍耐一切苦，故称为娑婆。说明苦谛之十种事项，确实详细地显现出忍土之一切苦。

上述之求那跋陀罗，远自印度抵达广州，又漂流至建康、荆州等地，于此"堪忍土"之状况，想求那跋陀罗亦十足的体验者。

其次之集谛，又称为火、能坏、受义、觉、方便、决定、网、念、顺众生、颠倒根等。全皆为说明苦恼之原因之用语。

灭谛者，又称为无障碍、离垢净、寂静、无相、不死、无所有、因缘断、灭、真实、自然住等。此等名称皆说明觉悟之境界，及灭除烦恼之状况。

至于道谛之别名，有一乘、趣寂静、引道、究极希望、常不离、能舍担、至非趣、圣人随行、仙人行、十藏等。此十种名称，皆说明如何达到觉悟境界之方法。能舍担者，即能舍弃"担"之谓。担者，担负、背负。生于忍土之一切人等，肩上担负着"几时方能卸下都不知"之重担，甚至于需背负至死方休。有名之德川家康，其"遗训"曾道：

> 人之一生，
> 如背负重荷行远路，
> 急不得。

舍弃背负，即能"舍担"者，亦为说明道谛之用语。至于最后一项之"十藏"者，即《华严经·菩萨十无尽藏品》中说之十种"藏"，此项留待后面说明。

此娑婆世界中，有关"四谛"之名称，有四十亿百千那由他之数，实可谓为"无数"。佛之名号为无数，所说之真理亦无数，由此可知《华严经》教法之雄浑、之广大。

何以《华严经》要说如此无数之真理？乃因人生中有无数"事实"之故。若为事实，内心平安为事实，为求幸福亦为事实，可说人生之中，一切之一切皆为事实之故。

如此，叙述无数之"事实"，当苦痛来临时，则能认清苦之事实而面对之。因此，吾等生活，不特定、且多数之各种需求，亦能因而获得解决。身、语、意三者若能调和，则定能除去诸种恶行。

《四谛品》中所说之各种事实，可说即为人生旅程中之各种显现。或且能因述说各种真实状况，而令衷心能获得安稳，能充实，于"忍土"之中，堪于忍受各种苦。

于娑婆世界中，叙述各种四谛之名称，相同的，东方之密训世界、南方之最勇世界、西方之离苦世界、北方之真实境世界等无数世界，亦各同样叙述着无量之有关四谛之名称。

光明无量——如来光明觉品

《华严经》除说如来之名号及四谛之名称无量无数外，又广说如来之光明亦无量，此即《如来光明觉品》。

时，佛自两足千辐轮相放出无量光明，遍照三千大千世界。佛端坐于师子座，无数圣者围绕四周。因佛之威神力，十方各有一大菩萨，率无数菩萨至佛所拜谒。此诸大菩萨即文殊师利、觉首、财首、宝首、德首、目首、精进首、法首、智首、贤首等，各从金色、宝色世界等诸国土云集而来。

时，文殊菩萨以偈文赞叹佛德。

文殊菩萨之赞叹结束后，佛之光明，更普照于十方诸国土；光明遍照后，各处之文殊菩萨，再以偈文赞叹佛德。如此数度反复，佛之光明遍及无限大千世界。赞佛之偈文有：

离爱诸烦恼，长流永不转；

> 正觉解诸法，度无量众生。

即赞叹如来已弃爱着与烦恼，永不再流转生死，已真实地觉悟，且能救度无量众生。

接着又赞道：

> 非以相好为如来，无相离相寂灭法；
> 一切具足妙境界，随其所应悉能现。

此说明非以诸相好为如来，真正之如来乃无相、离相，入于寂灭。此无相离相之如来，又具足一切微妙之境界，能应众生之愿求而示现各种身相。

何以佛陀需示现各种不同之身相？此乃因众生堕于苦海受苦之故。

> 见彼苦众生，孤茕无救护；
> 永沦诸恶趣，三毒恒炽然。
> 无间无救处，昼夜常火焚；
> 誓度斯等苦，是则佛境界。

于忍土中受苦之众生，无可依赖，孤独求生。既无能救者，又无保护者。仅各自堕于地狱或饿鬼道中受苦，心中更常燃着贪、嗔、痴诸毒。众生如此昼夜不停受着毒火燃烧之苦。佛见此受苦诸众生，即誓愿为救度之。

此即为佛之境界。

> 慧者见斯苦，为之设法桥；
> 大悲演说法，是则佛境界。

此即说明佛因见众生受苦，于是为之建设"法桥"。法桥，即说由此岸度至彼岸之法，且以大悲心演说之。

如此，吾等众生应如何修持，方能达觉悟之彼岸世界？

> 从始供养佛，乐行忍辱法；
> 能入深禅定，观察真实义。
> 悉令一切众，欢喜向如来；
> 菩萨行是法，速逮无上道。

若能依此偈文实践，则必能至最高之觉悟。

即首先要供养佛。开讲《华严经》之求那跋陀罗，"常执持香炉，未尝辍手"。(《高僧传》卷三)经常手持香炉，以香供养佛。

其次之"乐行忍辱法"，求那跋陀罗亦为修忍辱行者。彼自锡兰（斯里兰卡）来，欲至广州，于航海途中，突遇海风停止，而船上所积饮料水又已用竭，船员及船客均不知该如何，似乎皆悉于大海中待死。时，求那跋陀罗告大众道："大家同心并力念十方佛，称观音菩萨名。"

于是，大众同声称念观音菩萨，俄而，海风吹起，密云涌至，而大雨倾盆。如此，大众皆得九死一生。至中国上陆后，其难行之事，更非笔舌能尽。似非如此彻底修忍辱行，则翻译事业亦难以完遂其事。

此外，深入禅定，观察真实义，更为当然之事。屡见求那跋陀罗发挥神通之力，实即为深入禅定、修炼而来者。于深定中，能使气统一，且能将气放射于外。求那跋陀罗所表现之超能力，不即为其结果耶？

文殊菩萨以偈赞叹如来之无量光明毕，此《如来光明品》亦告结束。

由《如来名号品》《四谛品》《光明觉品》中，可获知佛之名号、佛所说之四谛法之各种名称、佛之光明等，皆无量无边。亦可知佛之身、口、意业亦无量。

如上所述，佛无量、说法无量、光明亦无量之世界，即《华严经》所说之世界。

5 无碍之境界
——菩萨明难品

无碍之面具——新罗元晓

韩国庆尚北道之观光地,古都庆州市之九黄洞,有国宝——芬皇寺石塔。芬皇寺为创建于新罗善德女王三年(公元六三四年)之名刹,为现存新罗之古塔中最古之建筑物。原有七层之塔,现仅存三层。第一层之四周,有花岗岩所造之龛室,其左右各嵌有"刻着一尊矮小身材之仁王立像"之花岗岩,仁王像系作为护法神之用。

芬皇寺原为与皇龙寺并列之庄严寺刹。新罗出生,曾经注释《华严经》之伟大佛教家——元晓(公元六一八——六八六年),亦曾住于芬皇寺。元晓对于《华严经》中所说"无碍自在之思想",颇有兴趣。不论出家过持戒之生活,或着俗服过在家之生活,对元晓来说全皆自由自在。曾私通于瑶石宫孀居之王女，而生一子名薛聪。元晓自称非僧侣，而以居士自居。

曾经，元晓与一"歌舞伎"演员来往，其演员手持一演戏用之面具，其面具为瓢所制成，颇大，面具之形状甚怪，元晓即仿此而作一同样之面具，并取名为"无碍"。元晓戴着面具，边歌边舞。是后，元晓所唱之歌亦逐渐广为流传。元晓戴着面具至各村庄歌舞，且弘传佛教。因此，偏僻乡下之村民，虽无学识，但却皆知悉佛号，且皆能唱念"南无阿弥陀佛"。

元晓之名面具为"无碍"，乃依据《华严经》之经文而来。《华严经》自此即叙述其内容，为《菩萨明难品》。据贤首菩萨言：

文殊法常尔，法王唯一法；
一切无碍人，一道出生死。

无碍之人，以一法（一道）出于生死，而得自在无碍。生死为束缚，无碍之人，不为一切束缚所缚。能得无碍者，即为能悟。因此，元晓名其面具为"无碍"，戴着面具，离去束缚与拘泥，而于舞踊中念佛。元晓者，岂非即《菩萨明难品》中所说之无碍人？

骷髅之水——唯心之道理

文殊菩萨所赞叹之"如来之光明",无不令众生生起净信。为开觉众生之净信,必须令能信之智慧显现,叙说此理者,即《菩萨明难品》。实则《明难品》《净行品》《贤首品》等三品,皆说明如何令"信"得以显示。其中,《明难品》说明信中之"解",《净行品》说明信中之"行",《贤首品》说明信中之"德"。(《探玄记》卷四)

《明难品》之品名中,所谓"难"者,即经中所说之"十种甚深";"明"者,即显扬之意。《明难品》,即显扬十种甚深之意。所谓"十种甚深",即下列所述之十种:

(一)缘起甚深,觉首菩萨说。

(二)教化甚深,财首菩萨说。

(三)业果甚深,宝首菩萨说。

(四)说法甚深,德首菩萨说。

(五)福田甚深,目首菩萨说。

(六)正教甚深,进首菩萨说。

(七)正行甚深,法首菩萨说。

(八)助道甚深,智首菩萨说。

（九）一乘甚深，贤首菩萨说。

（十）佛境界甚深，文殊菩萨说。

说明显示此十种甚深者，即为《明难品》之课题。

首先，第一项说"缘起甚深"。对于"心性是一，为何能生种种果报"之问题，觉首菩萨为说"如实之性"。

譬如驶水流，流流无绝已；
二俱不相知，诸法亦如是。

水急速地流，流着流着，不曾停歇，前流与后流亦彼此互不相知，一瞬又一瞬地生灭不已。水之流动，依据华严学之解释，即因"相由"之故。因后水之推动，而前水始能不停地流着；或因前水之牵引，而后水始能不停地流着。前水、后水互相依恃，故称为"相由"。或云因风动而水流，因风动而起浪；或云因地面之高低而水流。

观此水之流动，恰如吾人心念之动转，永不间断。

第二项之"教化甚深"，乃文殊菩萨问："如来如何教化众生？"财首菩萨为之作答：

一切世间法，唯以心为主；
随乐取相者，皆悉是颠倒。

世间一切所有，皆由自心之变化所作，即以心为根本。但因凡夫不明唯心之道理，乃随欲乐等念之生起，而执着其相，此皆为颠倒，实际上一切皆是空，又执一切空为有。

"一切世间法，唯以心为主"，此乃《菩萨明难品》中所说，新罗之元晓，对于此间义理定有深刻之体认。原因是，元晓本与义湘相偕赴中国（唐）游学，途中，元晓突然改变志向，放弃入唐。有关详细情形，据说：

元晓与义湘二人于入唐求法途中，有一夜晚，野宿冢间，因渴而索水喝。翌朝，见所饮之水乃骷髅中之水，顿觉不适而恶心。因此，元晓即悟得一切唯心所造之道理。夜晚，毫无任何思虑而饮下之水，一旦得知系髑髅之水，则无论如何再也吞咽不下，此实为万法皆由心生，元晓对此道理体悟颇为深刻。

此时，或许《菩萨明难品》中，"一切世间法，唯以心为主"之经文，正不由自主地在元晓口中朗朗而出。元晓于悟得唯心所造之理后，遂于国内，自唯心之立场，从事一切经论之研究。终于，不负所望，成为不亚于中国佛教学者之"伟大佛教学者"，且为一独创型之思想家。

无量之说法

第三项说"业果甚深"。宝首菩萨之答话，有下列诸语：

> 如大地狱中，众生受苦恼；
> 苦恼无来处，业性亦如是。

因自身所造之罪业，而获报投生于恐怖之地狱中。有八大地狱、八寒地狱、孤独地狱等。地狱中司职者为阎魔大王，其属下有冥官、狱卒等，负责拷问堕落地狱之人，并施加各种苦楚。《地狱草纸》等绘卷中，可详见各种地狱之写实状况。

堕于大地狱中之众生，须受各种苦恼，然此苦恼并非加诸于外，实乃众生自身所造作者。即自身所犯之罪业所产生之果报。业，自体并无自性，而其果报却必然存在。即"果报"乃为自身之所招感。

其次，说第四项之"说法甚深"。文殊菩萨曾问：佛陀仅觉悟一法，为何能说无量法？且能以无量音声教化众生？针对文殊菩萨之质问，德首菩萨以偈答道：

> 犹如大地一，能生种种芽；
> 地性无别异，诸佛法如是。

此即说明大地仅为一种，而自大地中却能生出各种植物之芽；植物之芽多种多样，而能培育此芽之大地却仅一种，且土地之性质亦毫无变异。佛之教法亦然，教法即如大地，而所说之法却无量无数。教法为体，所说之法为用；体虽仅为一，而其用却无数。若不能深刻彻悟"为体之教法"，则亦不能说无量之法。听法之众生因根机、能力而有各种差异，或根机利者，或根机钝者，因此，说示教法时，亦须观众生之根机，而说能够相应之法。《无量义经》云：

> 以诸众生性欲不同，性欲不同种种说法；
> 种种说法以方便力，四十余年未曾显实。

众生之性质、欲望各不相同。对此不同能力之众生说法，须采观机逗教之方式，此即所谓以方便力说法。

元晓一方面以戴着面具于舞踊中念佛、说法，一方面则著书立说。即对能力强者，为说"二障义"、《金刚三昧经论》等较深入之思想；同时，对一般无学民众，则教以唱念"南无阿弥陀佛"之名号。由此可说元晓亦能"说法无量"。

怨亲平等之大悲

其次，说第五项"福田甚深"。文殊菩萨问：为何佛之福田仅为一种，而布施之果报却各不相同？目首菩萨为之作答。目首菩萨者，凡见一法，即速能了解，故名为"目首"。福田者,为能生幸福之田,若播下布施或供养等之种子时,必能结幸福之果实。此乃以田地为例所做之说明。

譬如净满月,普照四天下；
诸佛圣福田,平等无遍党。

此即说明如皎洁之满月,遍照世间；佛之福田,对于一切众生亦平等无差别,且无丝毫之遍党。经文中有"如来平等,无有怨亲"之语,即所谓之怨亲平等。怨者,为能残害自身者；亲者,为能保护、关爱自身者。对加害己身之敌者不怀憎恶,对关爱自身之亲友亦不执着,即不论敌者或亲友,皆能平等地以慈悲待之,此即为怨亲平等,亦即佛之大慈悲。昔时,于日本,因战争而阵亡者,不论敌人或亲友,凡所有阵亡者,皆为之立碑祭祀,此乃"怨亲平等"思想之表现。

《菩萨明难品》中之所说,即此思想之实践。

第六项所说者为"正教甚深"。即进首菩萨所说,众生依如来之教法,能断除烦恼。经云：

若欲求除灭,无量诸过恶；
应当一切时,勇猛大精进。

即谓若欲断除烦恼,则须勇猛精进。此精进亦非偶尔行之，须一切时中，不间断地精进。又云：

> 譬如人钻火，未出数休息；
> 火势随止灭，懈怠者亦然。

昔时，钻木取火，当烟未出时，即数度休息，则火势将永远不能生成。即谓懈怠者永不能得火种。《长阿含经》有言：

> 今不勉力，后悔无益。
> 　　　　　　　　（卷十《三聚经》）

此即说明现今不精进努力，一味懒惰懈怠，将来即使后悔，亦无益处。可知欲断烦恼，行大精进乃为切要之事。其实，不仅断除烦恼如此，不论任何事，若不精进，终不能实现。《长阿含经》又云：

> 若不计寒暑，朝夕勤修务；
> 事业无不成，至终无忧患。
> 　　　　　　　　（卷十一《善生经》）

即谓能不计寒暑，朝夕勤勉作务，则不论任何事情，终能成就，最后亦无任何忧恼。

此乃说明精进之重要。

行之重要

第七之"正行甚深",乃法首菩萨之所说。若仅听闻正法,而不实行,则不能断除烦恼。即仅多闻,不能入如来之教法中。

> 譬人水所漂,惧溺而渴死;
> 不能如说行,多闻亦如是。

此乃譬如一漂流水中之人,因惧怕溺死而拒不饮水,终至渴死。佛陀之教法,若仅止于听闻,而不依之实行,则亦不能得救。此即"如说修行"之重要。

日本日莲上人曾说:若将佛教仅作为知识之佛教,则不能获得真正之信仰。

> "世间之学者,若以佛法作为学问,而欲求得智慧,实为不可能之事。人生一行,徒然而过,如睡梦般,不知唯一之大事。切记于心,切记于心。"
> (《さだしげ殿御返事》)

仅在佛法上求理解,实为一种错觉;一生如梦呓般地虚掷,真正之人生大事却懵懂无知。若以佛教当成一种知识,则无法获得真正信仰与安心。日莲上人又道:

"行学二道必须勤勉精进，若不堪于勤奋，则无佛法可言。"（《诸法实相钞》）

所谓"不堪于勤奋，则无佛法可言"，实乃千钧之言。佛法若不实践，则佛法势必衰灭。法首菩萨亦言不能只求多闻。

譬如贫穷人，日夜数他宝；
自无半钱分，多闻亦如是。

贫穷之人，只为他人数财宝，自个儿半分钱亦无法获得；多闻之人亦如贫穷人，仅在佛法上数说，自身丝毫无法获得佛法之利益。又道：

譬如有良医，具知诸方药；
自疾不能救，多闻亦如是。

此即谓具足各种医药知识之名医，当自身染病时，亦无法救愈自己。仅具医药知识而无法救己一命，恰如多闻而不实行者，得不到佛法好处，救度不了自身。

所谓佛之境界

第八项说明"助道甚深"，此乃智首菩萨所说。即叙述佛陀为何为众生说六波罗蜜及慈悲喜舍四无量心。此即因为适应众生不同根机之故，例如：

> 悭者赞布施，毁禁赞持戒，
> 嗔恚赞忍辱，懈怠赞精进，
> 乱意赞禅定，愚痴赞智慧，
> 不仁赞慈悯，怒害赞大悲。

即为悭吝不舍者，叙说布施之重要；毁坏戒律者，教以持戒之重要；易于愤怒者，劝诫多忍辱；懒惰懈怠者，教示须精进；心意散乱者，示以禅定之法；愚痴无知者，为说求智慧。此外，缺乏慈爱心者，教其须具悲悯心；常害人者，说大悲之重要；忧郁沉闷者，劝其生欢喜心；爱憎之念强者，教示怨亲平等之重要。佛陀所以叙说六波罗蜜及四无量心，乃为导正众生各自之缺陷。

第九项"一乘甚深"，为贤首菩萨所说。即于叙述六波罗蜜、四无量心之重要后，接着阐明"一法"之重要性。元晓所引用之"一切无碍人，一道出生死"等经文，即贤首菩萨所说之最初偈文。阐扬"法王唯一法"者，即"一乘甚深"。

> 一切诸佛身，唯是一法身；
> 一心一智慧，力无畏亦然。

诸佛之身，为一法身、一心、一智慧，于根本上说，即为"一法"。因众生之根机、修行不同，而各见不同佛国土之情况。有见佛之寿命、有见佛之光明、有见佛之神通力、有见大众聚会等，虽所见各异，而其根本仅为一法身，或一法。元晓于《华严经》中能着眼于此经文，足见其力非凡。

最后之第十项"佛境界甚深"，即文殊菩萨说"佛之境界"究竟如何。

> 如来深境界，其量齐虚空；
> 一切众生入，真实无所入。

佛之境界如虚空。众生尽入其中，却不见其入迹。如鸟飞于空中，却不见其留下之迹，佛之境界亦然，唯佛能知、能言。

> 如来境界因，唯佛能分别；
> 自余无量劫，演说不可尽。

佛之境界，唯佛能言；他人若欲言，即使费尽无限长之时间，亦不能言尽。因众生不能知佛之境界，故佛乃随顺众生，入众生界，为说种种法。

> 随顺众生故，普入诸世间；
> 智慧常寂然，不同世所见。

佛为救度众生，乃随顺众生之能力而说法，于任何众生界，佛皆能随缘示现，如地狱、畜生道等。佛虽入此众生界，然佛之智慧却常寂然，不为所秽，且迥异于众生界。即使于最污浊之中，亦丝毫不染佛境界。

佛之境界清净无垢，丝毫不为秽垢污染。佛之境界，不论至何处，皆是深邃、广阔、清净。元晓于此叙述佛境界之《华严经》，有着无限之亲切感，因此，将舞踊念佛之面具名为"无碍"，自身亦感受无碍自在。此乃因能体悟佛之境界、生于佛之境界、救度一切众生之悲愿所致。

6　生活中之佛教
——净行品

净行品之实践者——道璿

奈良县吉野郡大淀町有一寺院名比苏寺（吉野寺）。此寺院于奈良时代，为神睿、护命等诵虚空藏菩萨真言百万遍、修求闻持法之所，属自然智宗之寺院，颇负盛名。比苏寺之本尊观音菩萨，相传为钦明天皇十四年（公元五五三年）时，以得自河内国茅渟海之樟木所造，因时常放光，故亦名现光寺。因其创建事迹不详，而又有此传说，故可知其当为一古寺。

天平宝字四年（公元七六〇年）四月七日夜，有一信者得一不可思议之梦，即由唐（中国）传戒律与华严之教法至日本之道璿（公元七〇二——七六〇年），乘六牙白象、身着白衣，向东前去。翌日，道璿即迁化。盖道璇于晚年时，隐栖于比苏寺，书写"发愿文"，并修礼忏法。

道璇曾于洛阳大福先寺师事定宾律师，修习律法。又于洛阳南方之嵩山，依普寂参禅。普寂为北宗禅法系之大禅师，道璇亦依之修学华严。本来，始于神秀之"北宗禅"，又称为"华严禅"，与《华严经》因缘颇深。道璇下嵩山后，又返东都大福先寺，为大众宣讲禅与华严。

在洛阳，有唐则天武后之离宫。武后曾于实叉难陀译出八十卷《华严经》后，为之撰写序文；又曾令华严宗之大成者法藏，将法门寺之佛舍利迎至洛阳离宫供奉，武后为一供养佛舍利之女皇帝。

在洛阳，有闻名之龙门石窟，被认为是日本奈良大佛之原型的龙门奉先寺大佛，即《华严经》之教主——毗卢舍那佛。当龙门大佛塑造时，则天武后曾私自捐款，作为塑造大佛之资金。

则天武后又于文殊菩萨之圣地五台山之中台建造铁塔。五台山为《华严经》中所说之清凉山，与《华严经》有甚深因缘。由此可知，武后为一与《华严经》关系密切之天子。活跃于洛阳之道璇，其与《华严经》之关系亦颇深远。道璇屡至位于伊河畔之龙门石窟体敬奉先寺之大佛，当为不容置疑之事。

道璇于戒律与华严之造诣，为众所周知。时，有来自日本之普照与荣睿二人，风闻其名，乃抵大福先寺造访，并邀请道璇至日本弘传戒律，道璇随即应允远赴日本。

唐开元二十三年（公元七三五年）十月，道璇邀约来自印度之菩提仙那、佛哲等一同赴日。翌年，日本天平八年（公元七三六年）五月，道璇等一行抵筑紫之太宰府；八月，至摄州之难波津，负责塑造大佛之行基，曾率僧众百人迎迓。

印度僧菩提仙那系一主张讽诵《华严经》为要务之高僧，于东大寺举行大佛开眼法会时，任道师之职。道璇曾将法藏所撰之华严学纲要书——《华严五教章》，传至日本。

道璇为传授律学，止住于大安寺之西唐院，并任传戒师。虽屡为日本人说法，亦从不觉疲倦。尝谓"所以成圣，必依持戒"，此乃道璇之信念。常讲《梵网经行事钞》，并注释《梵网经》。《梵网经》乃说大乘戒之根本经典，颇受重视。道璇更常劝人讽诵《梵网经》。

道璇于日常生活中，一切举止言行，皆依《华严经》中之《净行品》，常对学人说："汝等如说修行。经云：若人依此而行，一切诸天、魔、梵、龙神、八部、声闻、独觉所不能动。"（《本朝高僧传》卷二《道璇传》）

以上所引之经文，为《华严经·净行品》卷末之文。经云："佛子！是为菩萨身口意业，能得一切胜妙功德，诸天、魔、梵、沙门、婆罗门、人及非人、声闻、缘觉所不能动。"此为《净行品》之结文，道璇实为《净行品》之实践者。

无恋慕之心

　　《净行品》中，有后世佛教徒所必须唱诵之"三皈礼文"。《净行品》实为佛教徒实践清净生活及修行时所必备德目之宝库。

　　唐总章元年（公元六六八年），有一印度僧自西域至长安。此印度僧通晓经律论三藏，高宗亦敬以师礼。时，华严宗之法藏尚未出家，曾至印度僧处求受菩萨戒。

　　众人谓印度僧言："此青年能读诵华严大经，且能理解其经义。"

　　印度僧惊叹道："华严一乘乃诸佛之秘藏，其经甚难值遇，何况能理解经中要义！若有人能读诵《净行品》一品，其人已具足菩萨净戒，不须另再求受菩萨戒。"（《大方广佛华严经感应传》）

　　正如印度僧三藏法师所言，若能实践《净行品》，则如已实践菩萨戒，因《净行品》实即为大乘之菩萨戒。

在《净行品》中，首先，智首菩萨问"净化身口意三业之方法"，然后文殊菩萨说"百四十愿行"。即说明如何将被烦恼所污染之日常生活行为转为清净之行为。其最初之愿行，即菩萨在家时之愿行。

> 菩萨在家，当愿众生，
> 舍离家难，入空法中。
> 孝事父母，当愿众生，
> 一切护养，永得大安。
> 妻子集会，当愿众生，
> 令出爱狱，无恋慕心。

家庭，确实为治愈工作情绪之安乐场所，然而亦为众苦汇聚之处。舍弃家庭、家族缠缚之各种苦难及麻烦，而进入空法之中，实为最重要之事。若欲舍离，则必须出家。

日本现今之寺院生活，实不异于在家生活。若欲进入空法，实难以想象。故不论是僧是俗，先舍弃家难及各种麻烦而住于空法之中，为第一要务。

妻子确为爱情之对象，然同时亦为一种桎梏。桎梏能缚手缚足，令人失去自由。因此，经中说："出爱之地狱，舍弃恋慕之心。"

宫本武藏之《独行道》云："恋慕之道，无思念之心。"

武藏拒绝了女性之爱。舍弃一切执着之武藏，亦泯灭了恋慕女性之心。

人，独自降生人间，亦独自离开人间。自出生、生存，以至死亡，无能永远成为自己之伴侣者，即使夫妻亦然。不论二人如何恩爱，相会时独自一人，别离时亦独自一人。人生世间，不论何时、何处，永远皆是独自一人。所谓相会时、别离时皆系一人者，唯有能见到真正孤绝之风光者，方能觉悟其中之奥义。

皈依三宝

其次，叙说出家时之誓愿。

> 以信舍家，当愿众生，
> 弃舍世业，心无所着。

若欲出家，必须舍弃世间一切生业，因在一切世业中，必有执着。若欲断除执着，则须舍弃世间一切有关之生业。

> 求出家法，当愿众生，
> 得不退转，心无障碍。

若出家,则须有不退转之决心。欲求佛道,更不能生退转心。不退转者,实为难事;常有稍事修行,或少求学问,即生退却之心。

　　脱去俗服,当愿众生,
　　解道修德,无复懈怠。

若出家,则须勤修佛道、修功德,不能流于怠惰。因欲修佛道,不能不奉献身心,努力不懈。

其次,再说三皈依。

　　自皈于佛,当愿众生,
　　体解大道,发无上心。
　　自皈于法,当愿众生,
　　深入经藏,智慧如海。
　　自皈于僧,当愿众生,
　　统理大众,一切无碍。

此即为有名之"三皈礼文"之原型。不论中国之佛教徒,或韩国、日本之佛教徒,举凡以汉译《大藏经》为准之东南亚佛教圈之佛教徒,皆各以其国之发音,于各种仪式时唱诵"三皈礼文"。唱诵"三皈礼文"即应为佛教徒之表征。

于三皈礼文之后,凡求受五戒、十种禁戒,或具足戒时，所发之誓愿如后：

以下六愿，为修禅定时之愿。

> 结跏趺坐，当愿众生，
> 善根坚固，得不动地。

结跏趺坐为坐禅之一种方法。即佛、菩萨之坐法，又称如来坐、菩萨坐。道元禅师之《普劝坐禅仪》中，有："结跏趺坐，先以右足安于左胫上，再以左足安于右胫上。"

若曾坐禅者，当可知悉跏趺坐与半跏趺坐之坐法。若结跏趺坐而能端坐者，当能得不动地。

其次之六愿，说出处进退时所发之愿。即放下双足时、着衣服时、结带时、搭上衣时、披大衣时，所发之愿，皆以不离佛道为决心。

见诸自然风光

其次，于日常生活中，当持何种愿？计说有十二种愿行。

> 手执杨枝，当愿众生，
> 心得正法，自然清净。

杨枝为比丘十八物之一,净口之道具。即以杨柳之细枝做成,细嚼后柳木自体有药效,口中自有清凉感。并说手执杨枝,心中自然能得清净;又说若嚼杨枝,如得调伏之牙能吞噬烦恼。

　　以水盥掌,当愿众生,
　　得上妙手,受持佛法。

此愿即说以水洗手,以净手受持佛法。

所谓生活中之佛教,于《净行品》中表露无遗。弘传戒律之道璇,其所以持诵《净行品》,于此不难测知。

修学佛道,如同跨越道路。道路者,各有其异;于道路中行走时,亦各有不同之见闻。其中所发之愿行,即其次所叙述之五十二项。此处仅列举数项说之。

　　见趣高路,当愿众生,
　　升无上道,超出三界。

若行于高路,或登高路时,则愿登无上道,以拔三界之苦。

若见道路扬起灰尘,则发愿道:

　　见道扬尘,当愿众生,
　　永离尘秽,毕竟清净。

见道路中扬起灰尘,则发愿远离烦恼之尘而获得清净。

于道路中行走,若见树、林、高山、流水、池、泉水、桥梁、田园等自然风光,则皆须各自发愿。如见树叶:

> 见树茂叶,当愿众生,
> 以道自荫,入禅三昧。

气候炎热之印度,绿荫之处恰为修禅定之最适当场所。见树木开花,则愿相好圆满。见树上结果实,则想象世尊于菩提树下成正觉,而发愿完成无上佛果。

此外,若见流水,则愿得正法之流,入佛智之海。若见泉水,则知善根之无尽,而发愿提升自己之境界。若见山中溪流,则愿洗尽尘垢,获得心净。

> 若见桥梁,当愿众生,
> 兴造法桥,度人不休。

桥,能渡众人从此岸至彼岸。故见桥时,则愿兴造佛法之桥,广度众人。

以上所述为步行于道路时,不论所见为何物,皆须发愿行。道璇于日本,当其目睹大和风光之美,及吉野川之清流时,定将《净行品》中之发愿偈常挂于口边朗诵；或亦因而时时记起故乡洛阳附近洛河及伊河两岸之景色。

与人相会——以完成佛道为旨

《净行品》中除见各种自然风物须发愿行外，凡见各类人等亦须发愿，如：

> 见苦恼人，当愿众生，
> 灭除众苦，得佛智慧。

凡见受苦恼之人，须发愿除去众苦，得佛智慧。

> 见疾病人，当愿众生，
> 知身空寂，解脱众苦。

凡见病苦缠身之人，须发愿了知身之空寂，解脱众苦。

人，形形色色，在《净行品》中所说之人，有严饰华丽者、有素朴无饰者、有热衷于乐者、有忧凄无乐者、有欢乐者、有强健者、有端正者、有丑陋者、有知报恩者、有背恩义者，凡此种种，若见身边之人，即自我反省，自我立愿，愿自身能提高品质。

此外，凡见沙门，则愿调伏烦恼。若见婆罗门，则愿离一切恶。见仙人时,则愿得解脱。见着甲胄之武装军人,则愿自身常着法铠,得最上之法。

于见帝王时,则愿为法王,恒转正法。见王子时,则愿为佛子,以行佛道。

> 若见大臣,当愿众生,
> 常得正念,修行众善。

即见大臣时,当愿持守正念,以行众善。如此,凡见各类人时,则须生起悲愿,此悲愿无非皆为成就佛道。

道璇至日本,当见过天皇、王子及大臣等。常持诵《净行品》之道璇,于会见各种人时,定能仔细体会此经文之奥义。举凡各种有缘之人,皆成为修学佛道之缘。

所谓生活即佛法

其次,说入村落乞食时所发之愿行:

> 入里乞食,当愿众生,
> 入深法界,心无障碍。

乞食时,心中不可有任何思虑或挂碍,当以自在之心境行乞。至其门户时,须发愿入总持(陀罗尼、咒文)之门,闻诸佛之教法。当进入其屋时,则发愿入一佛乘,通达三世之法。

乞食时，若见空钵，则愿空无烦恼，心地清净。若见满钵时，则愿具足成满一切善法。

  若得食时，当愿众生，
  为法供养，志在佛道。

若得饮食时，则愿为法供养，修学佛道之心更坚固。佛弟子于饭食时所唱诵之五观偈，其第五为：

  为成道业，当受此食。

佛弟子受饭食，乃为成佛道之故，此思想与《净行品》完全吻合。

于受美食时，则当愿能节制及少欲。《净行品》中，仅饮食一事之愿，已说得如此恳切，且郑重其事。

继饮食之后，又说于入浴时、洗浴时、盛暑时、严寒时，各当如何发愿。

其次，说于读诵经典时、见如来时、见塔庙时、礼拜佛塔时、赞叹如来时，该当如何发愿。

《净行品》之最后，说睡眠始寤时所发之愿：

  昏夜寝息，当愿众生，
  休息诸行，心净无秽。

一日之行事终了时，当愿以清净无垢秽之心就寝；翌朝睡醒时，则须发愿救度十方一切众生。

《净行品》之结尾，即"佛子！是为菩萨身口意业"等句，如本文开始时所说。若人于一切日常生活中，能得佛道修行之功德，则不论恶魔或非人，皆不能动其道行。所谓生活即佛法，除此外已不再有如此彻底之解说者。《华严经·净行品》，实为详明生活中之佛法、戒律之圣者道璇所不断诵持之经文。

7　净心之功德
——贤首菩萨品

一念之净心——五台山华严寺无着

　　山西省五台山之东台与北台间，有山谷名为"楼观谷"，谷中有洞窟，名为"金刚窟"。相传此金刚窟即为文殊菩萨示现之处所。于五台山思阳岭，有一文殊菩萨化身之老人，曾嘱佛陀波利自印度携来《佛顶尊胜陀罗尼经》；当佛陀波利携此经再入五台山时，即进入金刚窟中。又据传，五台山华严寺之无着，曾于金刚窟中听文殊菩萨宣讲《华严经》。

　　无着本于终南山云华寺，依华严宗第四祖澄观学华严。大历二年（公元七六七年）入五台山，欲见文殊菩萨。无着于是年五月至华严寺。

　　当无着行至金刚窟前时，遇见一老翁。问道："从何处来?"

无着答道:"听说此处有金刚窟,特前来寻访。"

老人以指指向一处,无着见该处有一寺院,遂随老人之后来至寺门。有一童子出而开门。入内后,见该殿堂皆为黄金所成。无着并于该处以琉璃之茶具饮茶。当无着向老人表示希望留宿一夜时,老人劝其归去,并于堂前以偈示道:

若人静坐一须臾,胜造恒沙七宝塔;
宝塔毕竟坏微尘,一念净心成正觉。

一瞬间之静坐,胜于造作七宝塔,因宝塔毕竟会毁坏,而一念之清净心则能成正觉。老人如此地开示无着。当童子送无着至金刚窟前时,告以刚才所见之寺院名为般若寺。于分别时,童子亦以偈文说道:

面上无嗔供养具,口里无嗔吐妙香;
心里无嗔是真宝,无染无着是真如。

此偈即说面、口、心三者无嗔之重要性,因真如者,乃无染污、无执着。当无着低头向童子礼谢后,再抬头时已不见童子,且般若寺亦同时消失,只见荒凉之岩山;而适才见老人之处,则涌起无数白云,披靡于谷间。

当无着于讶异时,但见文殊菩萨乘大狮子,无数眷属随后，俄而，自东方涌现一片乌云，盖住所有景象。无着将所见之不思议现象，说与来自汾州（山西省汾阳县）菩萨寺之僧修政等六人知，其人等正于金刚窟前礼拜，众人皆谓无着所见之老人，即文殊菩萨之化身。（《广清凉传》卷中）

信为功德之母

于《净行品》中叙说清净行之文殊菩萨，接着请贤首菩萨叙述净信之功德。此即普光法堂会之最后会《贤首菩萨品》，因系贤首菩萨所说，故以之为名。贤首者，"当体至顺调柔曰贤，为显吉祥胜德超绝曰首"（《探玄记》卷四），即智慧贤明，其德殊胜之菩萨。

应文殊菩萨之问，贤首菩萨以偈答道：

> 佛子善谛听，菩萨诸功德，
> 无量无有边。我当随力说，
> 菩萨少功德，我之所演畅，
> 如海一微涕。

贤首菩萨说：菩萨之功德无量无边，我仅以自身之能力，叙述少许。

> 于佛及法僧，起深清净信；

> 信敬三宝故，能发菩提心。

因信敬佛法僧三宝，于三宝起清净之心，此即最初之发心。于五台山金刚窟，文殊菩萨曾对无着说"一念净心成正觉"，所谓净心者，即清净之信。

因此，必须放弃自身之所有及五欲之乐。

> 不求五欲乐，宝货诸财利；
> 亦不求自安，希望世名闻。

即说明不求五欲之乐，及宝石、财产、名誉等，更不仅为自身求心之安乐。此实非一般世俗者所能奉行，因生存于现世中之众人，正为追求上述之欲望而受诸苦恼。欲拔除众生之苦，而生起救度之悲愿者，即菩萨之发心。此"发心"毕竟非凡夫所能办到，乃菩萨方能如此发心。

> 深信诸佛及正法，亦信菩萨所行道；
> 正心信向佛菩提，菩萨因是初发心。

若欲发心，必先敬信诸佛及正法；若不信诸佛及正法，则不能发心。其次，须信菩萨所行之道，信向佛菩提，如此方能发心。

接着所说者，乃著名之传言：

> 信为道元功德母，增长一切诸善法；
> 除灭一切诸疑惑，示现开发无上道。

"信为道元功德母"之语，乃有名之言，于后世常为佛教徒所引用。《大智度论》中之"佛法大海，以信能入"，同样地为常被引用之名言。

接着，贤首菩萨又说：

> 信能舍离诸染着，信解微妙甚深法；
> 信能转胜成众善，究竟必至如来处。

信者，能舍离诸染着。五台山金刚窟之童子，曾向无着说"无染无着是真如"，能舍离染着，即为信，即为真如。如真如超越性之实体等，无处可寻。心若能澄净，即为信。文殊菩萨所说"一念净心成正觉"之"一念净心"，即为信。若以支配人类之超越者——神，或妄想为宇宙根源之一心，而信仰真如，则实非为信。

心若澄净，则能理解深奥之教法，亦能奉行众善法，如此，欲达佛境界亦不难。

> 信永除灭一切恶，信能逮得无师宝。

以此清净之信，则能除一切恶，亦能体得无师之宝。

平等供养

其次,说明"信"应如何实现?

> 若信恭敬一切佛,则持净戒顺正教;
> 若持净戒顺正教,诸佛贤圣所赞叹。

此即说明守持净戒、随顺正教之重要。

戒是无上菩提本,应当具足持净戒。戒者,无上菩提之本,若无戒则不能起信,亦因戒而心得清净。

> 若能得生诸佛家,则于诸法无所着;
> 若于诸法无所着,则得深心妙清净;
> 若得深心妙清净,则得殊胜无上心。

因守戒而获得清净心,则能投生于诸佛之家;如此,于一切事物即不生执着;能不生执着,则心更能清净,即可得殊胜无上之心。

即得殊胜无上心,则得以修持波罗蜜。

> 若得无上殊胜心,则修一切波罗蜜;
> 若修一切波罗蜜,则能具足摩诃衍。

六波罗蜜为大乘佛教菩萨之实践德目。波罗蜜者,即梵语 paramitā 之音译，为"到彼岸"之意，译为"度"。则六波罗蜜即六度。六种德目，即：（一）布施，（二）持戒，（三）忍辱，（四）精进，（五）禅定，（六）智慧。此中，第一项布施，尚可分为：财施（施舍财物）、法施（教示真理）、无畏施（令获安心）。

欲实践六波罗蜜，亦非易事，尤以在家生活者更难。唯有于可能之范围内实行，或以现代化之解释方式去实践。若欲完全付诸实行，则非菩萨莫属。

仅"布施"一项而言，对任何人平等施舍，实非易行之事。慈觉大师之《入唐求法巡礼行记》中，有如下之记载：入此山者，自然得起平等之心。山中设斋，不论僧俗男女大小，皆平等供养，亦不视尊卑大小。

即凡入五台山者，不论何人皆能生起平等心。一日，五台山华严寺设大斋会，凡俗、男女、乞食、贫困者等皆聚集而来，均想获得少许余惠。时，施主说："于此设斋会，乃为供养山中僧众，如此施舍乞食者，并非本来意愿。"

其时，乞食者中有一孕妇，除自己要求一份饭食外，更为胎儿索一份。施主怒骂不给。孕妇哀求道："胎儿虽未降生，若计算人数亦应为一人，请将此子之一份施舍吧！"

施主大怒，斥道："岂有此理！胎儿尚未诞生，如何能食？"

孕妇道："既然胎儿之一份不给，则自己亦不能独食。"

说罢，即起立步出食堂。

时，孕妇方步出食堂，即变成文殊菩萨之形象，并放出无数光明，照遍各处。随即乘金毛狮子，于众多菩萨随从之下腾空而去。

此时，因斋会聚集而来之数千人众，皆拥至户外，茫然拜倒地面，放声哭泣，悲叹，忏悔，热泪滂沱而下，声声唱念"大圣文殊菩萨"。然而，尽管声哑泪枯，文殊菩萨却不再现。

时众人皆无心饮食，同发愿道："自今以后，送供设斋，不论僧俗、男女、大小、尊卑、贫富，皆须平等供养。"

不论男女、尊卑、贫富，自此，于五台山设供时，皆能平等供养。慈觉大师访问华严寺时，见食堂中男女排成一列，女众中有抱持幼儿者，亦皆能获得幼儿之一份。又如童子、沙弥、男僧、尼僧等，亦皆列队成排，平等受供。圆仁所谓"入此山者，自然得起平等之心"，乃因目睹斋会之情况所致。仅"布施"之一项，欲对任何人平等施舍，其困难不难测知。

映现万象——海印三昧

其次，《贤首品》中叙述十种三昧门。所谓十种三昧门，即：

一、圆明海印三昧门；

二、华严妙行三昧门；

三、因陀罗网三昧门；

四、手出广供三昧门；

五、现诸法门三昧门；

六、四摄摄生三昧门；

七、穷同世间三昧门；

八、毛光觉照三昧门；

九、主伴严丽三昧门；

十、寂用无涯三昧门；

信之作用无限。此约摄十种三昧门而言。信之根本作用，即第一项之圆明海印三昧门，其余九门皆为作用中之作用。

圆明海印三昧门者，乃叙说佛菩萨之示现。

或有刹土无有佛，于彼示现成正觉；

或有国土无有法，于彼示现说法藏。

首先，无佛或无佛法之国土，佛即示现于彼国土。更有舍弃世间一切名誉与利益之菩萨，为教化众生而示现于十方。五台山之文殊菩萨，亦时时示现于各种场合，度化众生。或示现老人，或示现乞食之孕妇，而救度众生。

> 或现男女种种形，天人龙神阿修罗，
> 随诸众生若干身，无量行业诸音声。

即谓佛菩萨为度化众生，示现男女、天人、龙神、阿修罗等诸身，或出诸声。此乃观音菩萨应现三十三身之说。

如上所述之佛菩萨所以能随时随处应现世间，即"海印三昧"之作用所致。至于，何谓"海印三昧"？如海中风浪平息时，一切归于寂静，则万象皆现于海面；无明、烦恼之风波灭除时，清净之心海中，即映现出三世一切诸现象。此即"海印三昧"。略而言之，即一念之净心。内心澄净时，即谓海印三昧。一念之"念"字，即"今心"。即说明"现今之心"若清净，是为海印三昧。于清净之心中，即能映现一切。

上述之海印三昧，即叙述菩萨禅定时心之状态。后世之华严教学，于解释海印三昧时，说有三义。此处所说，即其中之一，自菩萨之定心而言海印三昧。心若澄净,万象映现时,即能生起大作用。因此,菩萨必须先入"海印三昧"之定。

财如梦如浮云

其次,说"华严三昧"。所谓"华严"者,即以华庄严佛果。华者,即修持万行。以此定心庄严法身妙果,是为华严三昧。经文接着又说:

> 不可思议庄严刹,恭敬供养一切佛;
> 光明庄严难思议,教化众生无有量。
> 智慧自在不思议,说法教化得自在。
> 施戒忍辱精进禅,方便智慧诸功德;
> 一切自在难思议,华严三昧势力故。

此谓不论供养佛,或教化众生、说法,或实践十波罗蜜,或智慧之运用,皆能自在者,乃华严三昧之势力所致。若不能得华严三昧,则亦不能随意自在。

仅说法一项,欲自在说法,亦非凡俗能力所及。《无量寿经》卷上云:深入菩萨法藏,得佛华严三昧,宣扬演说一切经典。

欲自在演说经典之教化,必须能得华严三昧。以能入此行法,则能生自在之无边行。

于叙述华严三昧之后，《贤首品》接着又叙说八种三昧。现仅列举较具深意者于后：

> 八万四千诸法门，诸佛以此度众生；
> 分别诸法无量门，随众生性化道之。

所谓八万四千法门，因众生之根机各异，乃至有八万四千烦恼，因此，佛说八万四千法门，甚且说无量法门。如此，若能"说法自在"，则能说无量法门。

其次，第八之毛光觉照三昧，将光明之作用分为四十四门叙述之。佛乃为度化众生而放诸光明。众生若遇斯光明，则能获得果报。光明能除一切暗冥，又灯明亦能供养佛。

光明之名为"济度"，乃因能度脱欲界之群生。光明又名为"除爱"，乃因以光明能舍除五欲之渴爱。光明又名为"欢喜"，乃因众生能因之欢喜发心，求证菩提。

> 又放光明名无悭，彼光觉悟除贪惜；
> 解知财宝非常有，悉能舍离无所着。

光明名为"无悭"，能除众生之贪欲与吝惜。因财宝并非能永久存在，而必至于消灭。五台山之无着，承文殊菩萨化身教示"宝塔毕竟坏微尘"。经文中亦说须有"财如梦如浮云"之觉悟。

> 又放光名忍庄严，彼光觉悟嗔恚者；
> 舍离嗔恚增上慢，常乐柔和忍辱法。

　　嗔恚、增上慢，及自以为觉悟者，应先舍弃嗔恚与增上慢。为求舍弃，则须实行柔和、忍辱之教法。无着承金刚窟童子教示之偈文中，说脸、口、心三者皆须离嗔，若能离嗔，即为真宝。

　　如上所述，佛放诸光明，说离恶法。因光明而令眼耳鼻舌身意皆悉清净，甚且色声香味触法亦得清净。此诸光明，乃出自佛之毛孔，而遍照一切众生。

　　于叙述光明之后，有寂用无涯三昧，以三十五颂加以叙说。经典中曾不厌其烦地反复又反复地叙说，于日本人之直觉，或许会有"真有能耐"之感。贤首菩萨说毕此品，十方世界六次震动，光明照于恶道，而令恶道灭除。其时，十方如来普现于贤首菩萨前，各伸右手摩贤首菩萨顶，并道："善哉！善哉！真佛子！快说是法，我随喜。"

8　清净梵行
——佛升须弥顶品、妙胜殿上说偈品、菩萨十住品、梵行品

大住圣窟——卢舍那佛之坐像

灵泉寺，位于河南省安阳市西南三十公里太行山脉之支脉——宝山之东麓。创建于东魏武定四年（公元五四六年），初名为宝山寺，隋开皇年间（公元五八一——六〇〇年）改为灵泉寺。

开皇十一年（公元五九一年），住于灵泉寺之灵裕，应隋文帝之召请，至都城长安，被任命为国统（统管僧尼之最高僧官）。后又返灵泉寺，并将灵泉寺之规模扩大，而有"河朔第一古刹"之称。灵裕寂后，葬于灵泉寺，并建有墓塔，《续高僧传》卷九有传。

灵裕著有《华严经疏》《华严旨归》等计九卷，及其他各种经论之注释书，不计其数；并撰《光师弟子十

德记》，为诸大德之传记。此外，灵裕更于宝山开凿石窟。有关此事，于灵裕寂后约五十年，初唐之佛教史家道宣曾如此记载：于宝山造石龛一所，名为金刚性力住持那罗延窟。面别镌法灭之相。山幽林耸，言切事彰。每春，游山之僧皆往寻其文理，读者莫不唏嘘，而持操矣。其遗迹感人如此。

灵裕于宝山营造石窟，并于岩壁镌刻佛法灭尽之相。每至春季，凡游访宝山之僧人，于读毕所刻之文章，皆嘘唏不已，咸感其护法之热忱。此金刚性力住持那罗延窟，即位于宝山西侧之大住圣窟。

公元五七四年，北周废佛；公元五七七年，北齐废佛，时寺院遭破坏，经典被焚烧，僧侣被迫还俗。灵裕亲身体验此悲惨之废佛事件，于是撰写《灭法记》一书，又为求经法永远流传，遂将经文刻于石壁上。灵裕所营造之那罗延窟，称为大住圣窟，开凿于隋开皇九年（公元五八九年），于灵泉寺石窟群中，为最殊胜者。位于灵泉寺西侧五百米之宝山南麓之石灰岩断崖上，为南向之雕造。门上之横木，有"大住圣窟"之题字。门外两侧之石壁上，雕有浅龛，各有护法神之浮雕，右侧为那罗延神，左侧为迦毗罗神王。那罗延（Narayana）神为毗湿奴神之别名，又称为坚固力士、金刚力士，灵裕即以此神名，而取窟名为"金刚性力住持那罗延窟"。

又门外两侧之石壁上，刻有《法华经》《大集经》《摩诃摩耶经》等经文。

石窟内部之北壁、东壁、西壁各有佛龛，北壁之佛龛中供奉卢舍那佛，东壁供奉弥勒佛，西壁供奉阿弥陀佛。北壁佛龛中之卢舍那佛高一点零二米，结跏趺坐，左右各有菩萨之立像。又洞窟之南壁中，有"世尊去世传法圣师"之类记，并有摩诃迦叶、阿难以下西天二十四祖之祖师刻像。

大住圣窟为灵裕所营造之石窟，其本尊为《华严经》教主卢舍那佛。至于营造大住圣窟之灵裕，究为何等人物？

《华严经》之菩萨——灵裕

道宣曾言："衍法师伏道不伏俗，裕法师道俗俱伏。"衍法师者即大德昙衍，裕法师者即灵裕。昙衍虽受僧尼之信服，却不得俗人之信赖。而灵裕却广得僧尼、俗人等之信服。如此伟大之灵裕，为定州曲阳（曲阳县）人，自幼，凡见沙门即生敬心，凡闻屠杀之声则觉心痛。七岁时，不顾父母之反对，欲行出家，却不果；至十五岁始出家。本欲师事北齐之高僧慧光律师，却值慧光示寂，乃师事道凭，依之学《十地经论》。道凭者，当时于邺都被称为"凭师之法相",为一大学者。曾于灵泉寺石窟营造大留圣窟。灵裕之开凿大住圣窟,或即受师之影响。大留圣窟亦被称为"道凭石堂"。又灵泉寺之旧址,有北齐之石塔,其塔上书有"大齐河清二年三月十七日宝山寺大论寺凭法师烧身塔"等字样,此墓塔迄今尚存。于华严、涅槃、地论、律等教法均有体悟之灵裕,于邺都大开讲筵,颇负盛名,故有"裕菩萨"之美称。

一次,北齐之皇后得病,忽想听讲《华严经》。僧官们推举灵裕为法主,担任讲师。时,有一只雄鸡,参与大众听讲。演讲结束后,雄鸡鸣叫着高飞至西南之树上,直至天明。不可思议地,皇后之病竟然痊愈。灵裕将获赠之袈裟三百,分施于各人。

建有宝山寺之灵裕,因北齐之废佛事件,而被迫改变境遇。废佛后,灵裕与二十余僧隐居于村庄中,白天读俗书以为伪装,夜晚则研习佛典;又为获得食粮,乃作卜书,卖之以充生活费。

隋代时,文帝复兴佛教,灵裕乃应文帝之召而入长安,颇得文帝之信任。后住演空寺,教化道俗。于临终时,曾遗有偈言:

命断辞人路,骸送鬼门前;
从今一别后,更会几何年?

大业元年（公元六〇五年）正月二十二日示寂，年八十八岁。佛教史家道宣曾评道："自东夏法流，化仪异等，至于立教施行，取信千载者，裕其一矣。"

灵裕寂后，葬于宝山灵泉寺，并建有墓塔。灵裕一生，讲经、持戒，为得道俗信赖之第一人，想今或仍静眠于宝山灵泉寺附近。

吉祥之地——佛升须弥顶品第九

《贤首菩萨品》第八，为第二"普光法堂会"结束。其次，将进入第三"忉利天会"。佛于忉利天会中说《佛升须弥顶品》《菩萨云集说偈品》《十住品》《梵行品》《初发心菩萨功德品》《明法品》等六品。其中，前二品为本会之"序说"，后四品为"正说"。

六品中之第一即《佛升须弥顶品》第九。此品叙说佛陀升于须弥顶之事。须弥（Sumeru）山又称为妙高山，此山顶之中央有帝释宫。前一品说明"信"，此品将说明"行"与"位"。首先，《佛升须弥顶品》之经文道："尔时，世尊威神力故，不起此座，升须弥顶，向帝释殿。"

世尊于菩提树下，不离金刚宝座，而移向须弥山顶帝释殿。法藏解释为"动静无碍，不去而进，故云升"（《探玄记》卷五）。动静一如，不起座而上升，此乃佛陀之真正姿态，因佛身遍于一切法界。

此宫殿，为过去迦叶如来、拘那牟尼佛、拘楼佛、随叶如来、尸弃如来、毗婆尸佛、弗沙佛、提舍如来、波头摩佛、锭光如来等十佛所至之地，实为吉祥之处所。此十佛乃诸佛中"诸吉祥中最无上"，如此吉祥之佛所至之处，而有"是故此地最吉祥"之说。

时，世尊升于师子座，结跏趺坐。坐讫，此宫殿忽然广博如忉利天处。

痴惑之网——菩萨云集妙胜殿上说偈品第十

世尊升于天上，即将说法，时听闻说法之大众最重要。大众云集，以偈文赞佛，此即《菩萨云集妙胜殿上说偈品》。其时，有来自十方世界之菩萨，如以法慧、一切慧、胜慧等十菩萨为首之无数诸菩萨，云集于妙胜殿。世尊自两足指放百千亿光明，遍照十方世界及菩提树下之妙胜殿。

首先，法慧菩萨以偈文赞佛道：

> 诸佛大眷属，清净菩萨众；
> 斯从十方来，跏趺正安坐。

即说明自十方云集而来之菩萨众，安坐于宫殿中，静待佛陀说法。

接着，一切慧菩萨亦以偈文赞道：

无量无数劫，虽常见如来；
于此正法中，犹未睹真实。
妄想取诸法，增长痴惑网；
轮回生死中，盲冥不见佛。

虽于无数劫中常见如来，却未能见其真实。只因以妄想、痴惑见故。既有妄想、痴惑，则于生死中轮回；以盲冥之故，则不能见佛。人之所以盲冥，乃因妄想与痴惑所致。

至于，如何方能远离痴惑？

因缘故法生，因缘故法灭；
如是观如来，究竟离痴惑。

一切诸法皆由因缘而有生灭。若能体悟此佛教之根本真理，则能远离痴惑。

胜慧菩萨有如下之颂文：

如来智甚深，一切莫能测；
不知真实法，世间悉迷惑。

如来之智慧深邃无限，非凡俗所能测度。因不能知悉如来之智慧，故世间凡俗皆迷惑。

于佛法中安住不动——菩萨十住品

时，法慧菩萨承佛神力，入无量方便三昧；以三昧之力，得见十方千佛世界之外，有千佛世界尘数之佛，其佛皆名为"法慧"。

时诸佛告知法慧道："法慧！汝善于入无量方便三昧。此乃因十方诸佛之加护、卢舍那佛之本愿力，以及汝之善根力所致。为令汝能广说诸法，体得法界之理，特说菩萨之十住。"此《菩萨十住品》，即叙说十住，并说因十住而得佛果。

所谓十住，即：一、初发心住，二、治地住，三、修行住，四、生贵住，五、方便具足住，六、正心住，七、不退住，八、童真住，九、法王子住，十、灌顶住。此"十住"与后面《十地品》之"十地"相对应。

首先，说"初发心住"，菩萨于初发心，得十力分，菩提心坚固。灵裕立志出家时年方七岁，初发心之重要不言可知。

"治地住"以下，菩萨各修十种法。于"正心住"中，有如下数语：

> 闻赞佛毁佛，于佛法中心定不动；
> 闻赞法毁法，于佛法中心定不动。

灵裕于一生之中，不论佛法废绝或复兴，皆能心定不动。因此，裕菩萨能获得真俗人等如"活佛"般之敬信。于佛教复兴时，虽得文帝厚遇，却不因之骄奢；值北齐废佛之难时，亦毅然坚守佛徒之道。曾撰有《华严经》注疏之灵裕，于《菩萨十住品》之字句，想必洞然铭记心中。于佛法中令心安住不动——灵裕确为此法之实践者。

其次，入"不退转住"，即"其心坚固不动转"。

> 闻有佛无佛，于佛法中不退转；
> 有法无法，于佛法中不退转。

此即说明不论有佛法、无佛法，皆不退转。灵裕不论于废佛时，或复佛时，皆能一心安住于佛法中，丝毫不退转。又为令佛法永不断绝，坚毅地于石壁上刻凿经文。

毁誉褒贬皆梵行——梵行品

其时，有正念天子问法慧菩萨道："何者为出家者之清净梵行？"

梵行之"梵"为清净之义。梵行者，为断除欲望之修行，即清净之修行。时法慧菩萨告以须修十种法。十种法者，即：一、身，二、身业，三、口，四、口业，五、意，六、意业，七、佛，八、法，九、僧，十、戒。

《梵行品》乃说明完成十住之"行"。如有关"身业"，有下列数语：若身业是梵行者，当知身四威仪则为梵行；左右顾眄，举足下足，则为梵行。

所谓四威仪，即行住坐卧。左右顾盼，举足下足，全皆为梵行。即不论任何动作，皆须为清净之行。"立教施行，取信千载者，裕为其一。"由此可知，灵裕非止于一学者，其行为亦为清净之行。隋文帝召灵裕至都城时之敕命中，有"法师梵行精淳，理义渊远，弘道玄教，开道聋瞽"等语。可知灵裕梵行清净外，学问渊博，且能弘扬佛教，开道迷惑之众生。

文帝对灵裕，更有下列之诏示："朕尊崇三宝，归向情深，恒愿阐扬大乘，护持正法。（中略）故远召法师，共营功业，宜知朕意，早入京也。"

灵裕见此敕书，本欲拒绝，心想此或为一业缘，乃步行至长安。对于文帝派遣前来迎接之车马，则决心不坐。时高龄七十四之灵裕，自洛州步行至长安，实非易事。

若一般俗人，值贵为帝王之召请，必欣喜赴京；然灵裕却拒乘车马，步行前往，不奉承权势，仅一味地守住佛教徒应有之梵行。

灵裕入长安城之后，住于大兴善寺。于帝王之敕任国统，固辞不受，只愿能返归故里。对于文帝或高官之邀请，断然拒绝，下野求去。《华严经·梵行品》中有言：

> 称讥毁誉，则为梵行。

此乃说明不论称赞或讥毁，全皆为梵行。若值毁誉褒贬，自身能持守梵行不渝即可。

生死乃世之定论

一切行为若皆能持守梵行，则于事物之观点必有所改变。《梵行品》最后，说道："观一切法，如幻、如梦、如电、如响、如化。"

即说一切法皆如幻、梦、电、响。

又说："一切诸法，无自性故。"

即说一切诸法无自性，乃因一切诸法皆依缘而起之故。缘起之诸法，亦皆无常。人身或生命，亦皆无常。《维摩经》之《方便品》，有如下之语："是身无常，无强无力无坚，速朽之法，不可信也。"

吾等人身，皆为无常，非强非坚固；或身体不调，或疾病死亡。若恃自身强健者，实为不可之错觉。

对于"一切无常，生者必灭"等道理，能彻底感受之灵裕，于至亲骨肉，亦能以非情视之。一时，灵裕于旅途中忽闻母亲病重。心想，即使赶往母亲住处，亦不能得见最后一面。因此，灵裕遂裹足未归。自言道："即使赶往一见母亲，于母亲之病，亦无所助；不如返归邺寺，为母亲祈求来生之幸福。"

灵裕于母子之骨肉亲情，尚能舍之不顾；于世俗之一切烦琐，更能毅然割舍，仅于佛道中求生存。

一生献身于佛道之灵裕，即持有肉身，终不免无常到来。终于，灵裕已经年老不堪。邺城中传言"裕师将过世"。灵裕法师将不久于人世之传言，于邺城中议论纷纭。

《长阿含经》云："夫生有死，自世之常。"（卷二《游行经》）

即言"有生必有死"，此乃世之定论。

于灵裕稍后之三论大成者——吉藏，著有《死不怖论》，有如下之言："夫死由生来，宜畏于生。吾若不生，何由有死？见其初生，即知终死。宜应泣生，不应怖死。"（《续高僧传》卷十一《吉藏传》）

若能彻底悟知"死"，当能畏敬"生"，且更充实于

"生"。

人，必须面对死亡之一事，应于时日流转之生涯中，牢记不忘。若能不忘此事，则不论从事任何职业，各自皆能恪尽本分。

如此，则身为佛教徒者，当能获得真正之生存方式。因能自觉于"死"，方能获知生存之重要性；如此，于日常之生活中，始能注意"生"之充实，欲充实其"生"，则须于日常生活中"发心"。

《梵行品》之结语：

> 初发心时，便成正觉；
> 知一切法，真实之性，
> 具足慧身，不由他悟。

初发心之重要，自身应能自觉。至于有关初发心菩萨之功德，则将于《初发心菩萨功德品》中叙述。

9　初发心之功德
　　——初发心菩萨功德品、明法品

五台山木瓜寺之旨韵

　　山西省五台山北台之山麓,有寺院名为木瓜寺。自古以来,若有人欲登北台,此寺为必经之地。木瓜寺创建于何时,已无从查考,只知其为历史长久之古寺。
　　木瓜寺内住一长发老婆,名佛惠,约七十四五岁,貌似愚痴,百岁耆耋,而其形态却少改于年轻时。佛惠经常驻守于木瓜寺,凡伽蓝修葺,常为道首。
　　五台山北方之繁峙县,约住有三百余村民,一次,跟随佛惠登北台,偶尔,遇天空降雹,遂又依佛惠下台侧。佛惠尝掷一藁(蔓草类)于空中,藁半空如室,佛惠及村民即入内同坐,悉能容受。村民不测其神,皆称佛惠为肉身菩萨。(《广清凉传》卷上,大正五十一·页

一一〇七下)

　　于木瓜寺中,有一单身吊影、形覆弊衣之苦行僧,即五台寺之昙韵(《续高僧传》卷二十,大正五十·页五九二下)。昙韵住于木瓜寺,有二十余年之久。木瓜寺附近,冬季气候严寒,唯谷川溪流两旁生长树木;其他山峰上,值夏季,则高山植物蔓衍丛生。昙韵于木瓜寺内,昼夜坐禅。三十余年前所读之经文,能一字不漏朗朗再上口,并书写之。昙韵于十九岁时出家,尝登位于五台山北方五岳之一恒岳之蒲吾山,于该处读诵经文,且持续不断。

　　一日,值遇栖隐禅师,蒙禅师示谕道:"诵经,确为修行方法之一,唯仅读诵,未即至道;要在观心离念,方契正道。"

　　昙韵闻之,即专精念慧,遂登五台山,入住于木瓜寺。

　　昙韵于五台山修行二十余年,后又至比千山,仍不废其禅业。昙韵以改诵经为坐禅之初发心,贯彻其生涯,不论遭遇任何事情,皆不荒怠其禅业。即使蚤、虱聚集,亦不捐弃,任其啖之,如此行施四十余年。至六十耳顺时,终于蚤、虱亦自销迹,盖其时昙韵已成为"佛体"。昙韵每年春秋二时,依佛名法修持,冬夏二季则减食坐禅。常别众于另室坐禅。若坐禅时感觉昏闷,则起而拜佛。贞观十六年（西元六四二年），于太原郊外平遥山，于禅坐中迁化，春秋八十余。

昙韵自十九岁入山修行，六十余年间，从未追逐过名利，亦未使用过侍者，唯只身坐禅。不攀附权门，不结交显贵，故其名亦不见于公籍中。自十九岁入蒲吾山后，其所经历之山，有五台山、比千山、平遥山等。十九岁时初发心之一念，即贯通其一生涯。

初发心之重要——初发心菩萨功德品

《初发心菩萨功德品》者，即叙述初发心菩萨之功德广大。此品与《明法品》，为忉利天会六品中最后之二品。

初发心菩萨之功德，大于任何修行所得之功德。经文中以各种譬喻说明之。如第二喻中所说：第一人具有于一念之间能过东方无量世界之超能力，但此人即使费无限量之时间，亦不能到达世界之边际。第二人具有更广大之超能力，但亦不能于一念之间到达世界之边际。如此，第三人、第四人，各皆较前一人具有超大能力，但皆费尽无限量之时间，亦不能达世界之边际。第十人亦如此。直至第一百人，具有最殊胜之超能力，始能达世界之边际。然而，第一百人却仍未能悉知初发心菩萨功德之广大、深远。此即说明初发心菩萨之功德,较此等人更殊胜、博大。

于是,法慧菩萨以颂文述说初发心菩萨功德之广大,其中有:

> 菩提心无量,清净法界等;
> 无着无所依,无染如虚空。

此颂文言菩提心无量,远离一切执着,且无所依恃。须知无所依而能生存,并非易事。人,皆因有所依恃而生存;其实,若须依恃,即为弱者。观昙韵之一生,独自禅坐,当然,法会或禅会时,随喜布施结缘,但却舍弃一切依恃,五台山北台中之修行或即如此。

四年前,作者(镰田先生)登五台山之中台时,闻吉祥寺之一僧,于三千米高之北台,冬季时,独自携带八个月份食粮,入于岩室中,专心坐禅、诵经。于零下三十度以上,寒风凛凛之山顶生活,毫无依恃地独自修行。如经文中所叙:

> 彼修众胜行,寂灭无所依;
> 其心常安住,不动如须弥。

昙韵亦如此,无所依恃之心,不动如须弥山。除法布施外,一切毫无执着,禅定之心纹毫不动。四十余年之道心，所以能撑持者，唯其初发心之一念。经文接着说：

> 勇猛勤精进，速发菩提心；
> 欲求最胜乐，应疾断诸漏。

此即谓发勇猛心、精进之重要。一个人在生活中何者为最胜之安乐？可谓"坐禅"即安乐之法门。日常中之一切所为，系为自己，或为别人，或为出世，或为名利，总之，所有一切皆有其目的，或因素。而坐禅，却不为开悟，亦不为有所成就，唯以坐禅为最殊胜之安乐。而欲求此最殊胜之安乐，则必须断除诸漏，即断除一切欲望。已断烦恼之昙韵，时已六十高龄，即连蚤、虱亦不侵扰。

有关初发心之重要，经文中又说道：

> 三世人中尊，一切功德业；
> 无上菩提果，皆由初发心。

三世之中最尊贵之人，即指佛陀。佛、无量功德及无上菩提，皆由初发心而获得。说明初发心之重要者，即《初发心菩萨功德品》是也。

心无忧喜——明法品

其时,精进慧菩萨问法慧菩萨道:"如何修清净之行?"

法慧菩萨即就清净之行加以详说,此乃《明法品》第十四。

所谓清净之行,第一为不放逸,即不懈怠。有十种法得不放逸,十种法即:一、持戒清净;二、远离愚痴,净菩提心;三、舍离谄曲,哀悯众生;四、勤修善根,得不退转;五、常乐寂静,远离在家出家一切凡夫;六、心不愿乐世间之乐;七、专精修习诸胜善业;八、舍离二乘,求菩萨道;九、常习功德,心无染污;十、能善分别,自知己身。

上述不放逸之行若能实践,更有十种净法必须修持。经文中又云:"心常寂定,未曾散乱;闻好闻恶,心无忧喜;犹如大地。"

即言能将心置于禅定之寂静中,丝毫不散乱,以无限定力令心安住不动。如此,则不论闻好或闻恶,心皆能不起忧喜。一般人,若闻厌恶之事,心即不喜;若闻欢喜或恭维之词,则生喜悦。若能住于不动心中,则不论听闻任何言语,皆不为所动。六十余年间,一味坐禅之昙韵，或其境界即如此也。

一个人若朝既定之目标，全力以赴，或亦能得不动心之境地。若稍有怠惰，或执疑，或迷惘，则随他人所使。禅宗有言"蓦直去"，即谓勇往直前，毫不右顾左盼地前进。

其次，说能令诸佛欢喜之十种法：

一、所行精勤而不退转；

二、不惜身命；

三、不求利养；

四、修一切法，犹如虚空；

五、巧方便慧，观察诸法，等同法界；

六、分别诸法，心无所倚；

七、常发大愿；

八、成就清净忍智光明；

九、善知一切损益诸法；

十、所行法门皆悉清净。

此十法中之前三项，即不退转之修行、不惜身命之修行、不求利益及名誉等，昙韵四十余年中所修持者即此是也。因如此修行，故能得清净，连蚤、虱亦不集之清净无垢身体。

克服烦恼之教法

《明法品》中,于叙述十种清净行、十种清净愿、十种无尽法藏之后,接着说教化众生之法:

> 贪欲多者,教不净观;
> 嗔恚多者,教大慈观;
> 愚痴多者,教令分别一切诸法;
> 三毒等分,教以具足胜智法门;
> 乐生死者,教三种苦;
> 着诸有者,教空法门;
> 懈怠众生,教行精进;
> 我慢众生,教平等观;
> 心谄曲者,教菩萨心寂静非有。

此即对于贪欲多者,教其观身体之不净。如执着于女色者,观想其人死时,身体次第腐坏,而终至变成白骨。能如此观想,则可舍弃其执着之心。

嗔恚心较重者,教以修大慈观。愚痴者,则教以世间一切无常,凡事多变化。若能觉悟地位、财产等皆不能永恒相续,则一旦失去时,亦不为所苦。

又为贪嗔痴三毒所腐蚀者,宜劝之修殊胜智慧行。

浸沉于人生之乐者，教以三种苦，即苦苦、坏苦、行苦。苦苦者，即为饥饿、疾病所缠之身心苦楚。坏苦者，自身所执爱者坏灭时所感受之苦恼。如失去所爱之人或亲生子女等，内心所受之悲苦，则非局外人所能体验。行苦者，世间一切事物皆悉无常，当其迁流变化时，所感受之苦。此三苦，凡生存中之任何人，皆无法免除。所谓"人生是苦"即此也。耽着于享受快乐者，若教以此三苦，相信定能从沉迷中觉醒。

又有一类人，即执着于一切事物皆永恒、持续不变者，教以诸法皆由因缘和合而成，令之觉悟空理。怠惰者教以精进之重要；贡高我慢者，教以人人平等之理；内心诌曲者，教以保持平衡、寂静之法。

如此，对于执迷烦恼者，教以克服之道，此即菩萨之谓。

清净之十波罗蜜

其次，说清净之十波罗蜜：

一、檀波罗蜜——因一切众生故，捐舍内外诸物，不起吝惜之心；

二、尸波罗蜜——受持戒律，且不囿于戒律；

三、羼提波罗蜜——修持忍辱行，堪忍一切苦，闻好闻恶，心不起忧喜，如大地之不动；

四、毗梨耶波罗蜜——精进修持，勇猛不懈，专注一心，永不退转，以完成智慧；

五、禅波罗蜜——入于清净三昧，渐具诸佛智慧之地；

六、般若波罗蜜——听闻教法，并确实详加观察，知悉诸法本无自性；

七、方便波罗蜜——应众生之愿，而现身教化；

八、愿波罗蜜——愿度一切众生，愿供养诸佛，愿修持、获得智慧；

九、力波罗蜜——离烦恼得清净，具足自利利他之力；

十、智波罗蜜——知诸法真实义，且能解佛之智慧。

如上所述清净十波罗蜜，依之教化一切众生，远离恶道，精进不懈，而离诸苦。于是：

贪欲多者，教离欲观；

嗔恚多者，教平等观；

邪见多者，教因缘观。

即贪欲心重者，教以离欲；嗔恚心重者，教以人人平等之理；邪见众生，则教以因果及诸法因缘生之理，以令知之。

特别于初发心时，见众生堕于恶道中，则必须大作师子吼："我当知其心病，以诸法门济度之。"知众生之心病者，即菩萨是也。以之而济度众生。

六和敬之实践

如上所述，能行清净之十行者，即能兴隆三宝。

菩萨摩诃萨教化众生，发菩提心，是故能令佛宝不断。

开示甚深诸妙法藏，是故能令法宝不断。

具足受持威仪教法，是故能令僧宝不断。

三宝者，佛法僧三者是也。皈依三宝，乃佛教徒之基本条件。

其次，又说发大愿能令佛宝不断，解说十二缘起能令法宝不断，实践六和敬能令僧宝不断。十二缘起者，为原始佛教之教法，此乃有名之教法。此处则就"六和敬"略加解说。

六和敬又作六和合，即修行佛道之僧众，于六项原则下，彼此和合，互敬共修。即：

一、身和敬（身业同）——如礼拜等有关身体之所为相同；

二、口和敬（口业同）——语言相同；

三、意和敬（意业同）——思想看法相同；

四、戒和敬（同戒）——受持之戒法相同；

五、见和敬（同见）——正确之见解相同；

六、利和敬（行和敬同施）——衣食等利益相同。

依此六和敬实践，能令僧宝不断。此乃修学佛道之僧团生活中所必须遵循之根本法则。

接着，经文又说："下佛种子于众生田，生正觉芽，是故能令佛宝不断。不惜身命，护持正法，是故能令法宝不断。善御大众，心无忧恼，是故能令僧宝不断。"

佛陀之种子播植于众生之心田中，令生正觉之芽，则佛宝可不断绝。由此可知播植佛种之重要，否则佛法将灭亡。

其次，欲令法宝不断，则须不惜身命，护持正法。昙韵为成就梵行，立志坐禅，与同参共阐禅法。时值北周武帝废佛，佛法惨遭毁灭之后，为护持正法，毫不退转之决心充盈于大众中。

为令僧宝不断，则须统理大众。须令大众能安心修持，无任何烦恼挂碍之事。

于《明法品》之最后，法慧菩萨重蒙佛之威神力，以偈文总结教法：

菩萨所修行，真实无虚伪；

> 度脱众生类，离诸烦恼垢。
> 成就如是法，除灭愚痴暗；
> 降伏一切魔，究竟得菩提。

即谓菩萨修持十种清净行，真实无虚伪，救度众生，令离诸烦恼苦。又修清净行，能除灭愚痴之暗夜，令见光明。

欲除愚痴之暗，实非易事。五台山木瓜寺之昙韵，于二十余年间，孤身修持，终于得以拜见文殊菩萨之灵相。然而，仅此并未能去除愚痴之暗。又经四十余年之修行，计约六十余年，方达不求名利之境界。

若能除灭愚痴之暗，则能降伏一切恶魔。世间上有无数恶魔存在，并有各种诱惑方式；若不慎为恶魔所诱，则辛苦累积之功名富贵，将毁于瞬间。是故必须养成不为恶魔所诱惑之不动心。

10　唯心之风光
——佛升夜摩天宫自在品、夜摩天宫菩萨说偈品

受"唯心偈"之竹林寺法照

中国四大灵山之一五台山中，有唐代法照所创建之竹林寺。据唐开成五年（公元八四〇年）五月至竹林寺参拜之日本慈觉大师圆仁之记述，当时之竹林寺有律院、库院、华严院、法华院、阁院、佛殿院六院，每一寺院约住四十名僧人。（《入唐求法巡礼行记》）

现在之五台山竹林寺，位于台怀镇西南六公里竹林寺村之西侧。我（作者镰田先生）于公元一九八五年夏至竹林寺时，仅剩创建于明代高约二十五米之白塔与石碑。于登中台之途中，遥望白塔，可见塔身耸立于花丛中。现在于塔后建有庄严之佛殿，但却远不及圆仁所见唐代竹林寺之庄严。

开创竹林寺之法照,于唐大历二年(公元七六七年)二月十三日,于南岳衡山祝融峰云峰寺之食堂用粥,忽见钵中映出五台山佛光寺之影像,其寺东北约一里处之山下有谷川,并见有石门,法照且有穿越石门之感觉。前行五里处,有一寺,门额书有"大圣竹林寺"字样。法照惊讶之余,影像忽不见。二十七日晨,又于钵中见华严寺等五台山诸寺院,更见文殊菩萨为首之一万菩萨形像,于饭食后即不见。法照为此不可思议之事,惊讶不已!遂告知其他僧人,有嘉延、昙晖二僧,曾住过五台山佛光寺,皆言确如所见。

位于湖南省衡山县之祝融峰与五台山遥遥相隔,我亦曾经攀登祝融峰,只见云雾迷漫,气流横溢,一米外不复见景物,实堪称为灵山。于此山中寺院之食堂内就食,而于钵中浮现五台山风光,究竟何所暗示?

法照于大历四年(公元七六九年)夏,于湖南省衡阳县湖东寺之高楼,望见五色之云中浮现楼阁,其中有文殊菩萨及一万菩萨,瞬间即逝。

是晚,法照遇一老人,年七十余,问法照道:"阿师!尝发愿向五台山,今何不去?"

法照答道:"因去五台山之路途险峻,故难去。"

老人道:"师可急去!"

于是,法照决意不论有何困难非登五台山不可。

八月十三日，法照与南岳衡山同志十人出发向五台山，翌年四月五日，迢迢抵达五台县，忽见有白光数十道来自佛光寺。翌日，行至佛光寺，见寺景与祝融峰钵中所见相同；又至大圣竹林寺，其景亦如钵中所见。（《广清凉传》卷中）

法照于大圣竹林寺，得遇文殊与普贤二菩萨。

文殊菩萨教示法照道："念佛为诸法之王，汝等应当常念无上法王。"并说偈道：

诸法唯心造，了心不可得；
常依此修行，是名真实相。

普贤菩萨则说："忍辱即是菩提因，无嗔必招端正报。"

法照承二位大圣之教，异常欢喜。文殊菩萨又教法照自菩萨院依次巡礼。

于大圣竹林寺承二圣教示之法照，遂往华严寺、金刚窟、东台、中台等地，依次巡拜。是后，法照于遇见文殊菩萨之大圣竹林寺处，创建竹林寺。本为净土教信者之法照，承文殊菩萨赐示"唯心"之偈文。

吉祥之宝庄严殿——佛升夜摩天宫自在品

自《佛升夜摩天宫自在品》第十五为第四夜摩天宫

会。于第四会中,有四品。此乃佛升天上之宝殿——夜摩天宫之所说。《佛升夜摩天宫自在品》为第四会之请佛序,即迎请佛至夜摩天宫之事。

佛陀安坐于夜摩天宫之师子座,响彻天际之音乐,随即寂然静止。时夜摩天王自忆念于过去佛所种善根,并说偈文。"即诸吉祥中最无上"之十如来,及其所入之"最吉祥之宫殿"。十如来及其所入宫殿之名称如下:

名称如来——摩尼庄严殿

宝王如来——甘露上味殿

喜王如来——杂宝庄严殿

慧眼如来——殊特最胜殿

饶益如来——清净宝山殿

无师如来——微妙宝香殿

天人中尊——轻微妙香殿

无去如来——明净普眼殿

分别如来——娱乐庄严殿

苦行如来——等色普照殿

如此十如来,为世间之灯,智慧无量,为世间所最尊,无上之师,诸如来皆曾入最吉祥之宫殿。如此,夜摩天王以偈文赞叹如来之德毕,世尊即于夜摩天宫宝殿之师子座上结跏趺坐。

十如来为诸吉祥中之最上者,其所入之宫殿亦最吉祥。夜摩天王承佛神力，如此忆念。则今世尊所坐之宝殿，亦为吉祥中之最无上。换言之，于无上吉祥之宝殿开始第四会之说法，即《佛升夜摩天宫自在品》第十五。

而法照于大圣竹林寺所见之景观，据《广清凉传》卷中所载："中有一百二十院，院中皆有宝塔庄严。其地纯是黄金，渠流、花果充满其中。"

黄金之大地上，有宝塔，且充满溪流与花果，此似即净土之景观。《华严经》所说之最吉祥道场，或即法照所见大圣竹林寺之风光。

见佛难甚——夜摩天宫菩萨说偈品

世尊于夜摩天宫宝殿之师子座上结跏趺坐，时，世尊周围集满来自十方世界之佛菩萨，各皆结跏趺坐。宝殿中集满诸佛菩萨，佛之名号为常住眼、无量眼、真实眼、不动眼等，各有一"眼"字；菩萨之名号为功德林、慧林、胜林、无畏林等，各有一"林"字。菩萨之名号所以有一林字，即表示行法界之行，完成法界之德；其德之高如树，其行之广如林。此十位菩萨，各以偈颂赞佛德。

首先，功德林菩萨以偈文赞叹，其中有一偈，道：

　　一切诸世界，莫能思议佛；

随彼众生愿，一切皆悉见。

　　佛陀非普通一般所能思能见，唯依其"愿"能见之。法照发愿至五台山觐见文殊菩萨，其愿甚切，故远于衡山祝融峰，于饭食之钵中，悉见五台山佛光寺之风光，及文殊菩萨为首之一万菩萨形像。

　　夜摩天宫师子座上之佛陀、十如来，以及法会中云集而来之无数菩萨之形像，并非一般普通人所能见，除非有深切之愿望。试看法会中十如来之名号，常住眼、无量眼等，皆有一"眼"字。即表示须有严峻之眼、透彻之眼，方能见佛。

　　其次，慧林菩萨以偈说道：

　　　　不可思议劫，天人师难值；
　　　　离垢诸大人，此会亦难遇。

　　天人师者，即指佛陀；离垢诸大人，则为十如来。不论佛陀，或十如来，于此夜摩天宫之法会中，得以值遇，实为难事。因此，慧林菩萨不禁要发出感激赞叹之言。

心佛众生本为一——唯心偈

　　排列第九之如来林菩萨，其有名之唯心偈，曰：

> 心如工画师，画种种五阴；
> 一切世界中，无法而不造。
> 如心佛亦尔，如佛众生然；
> 心佛及众生，是三无差别。
> 诸佛悉了知，一切从心转；
> 若能如是解，彼人见真佛。

心恰如工画师之能绘画，不论迷失之凡夫心，或已觉悟之佛心，皆为心之动作，故心佛众生，实无差别。心若迷时为众生，心若悟时即为佛，不论众生或佛，皆为心之造作。佛，由心所造，故心与佛无分别；心若迷惘则为凡夫，故心与凡夫无分别。

如上所引偈文，自"心如工画师"，至"是三无差别"，古来称为"唯心偈"，或"如心偈"。日本镰仓时代明惠上人所著《华严唯心义》二卷，即此唯心偈之注释。

法照于五台山大圣竹林寺，蒙文殊菩萨授记，其教示中，有"诸法唯心造"之语，即凡一切事物皆由心之造作。不论是佛是凡夫，皆因心之作用所致。或言恶魔与神亦同，人心可于瞬间成为恶魔，亦可于瞬间成为神；恶魔、神与人平凡之心，并无差别。无须如哲学者另立一心之必要，仅吾人平凡之日常心，即可为神，或成为恶魔。

破地狱之偈

继"唯心偈"之后,最后如来林菩萨又说道:

> 若人欲求知,三世一切佛;
> 应当如是观,心造诸如来。

即言若欲知三世一切诸佛,应观心能造一切佛。此偈文于《八十华严经》作:

> 若人欲了知,三世一切佛;
> 应观法界性,一切唯心造。

此偈文古来称为"破地狱之偈"。为何有此名称?有如下一段因缘。

唐文明元年(公元六八四年),都城中有一王姓者,既不行善,亦不守戒。一日,因病而亡。二狱卒引至地狱门前,值遇地藏菩萨,教以一偈文,即《六十华严经》之偈:

> 若人欲求知,三世一切佛;
> 应当如是观,心造诸如来。

地藏菩萨又道："念诵此偈文，得不堕地狱。"

王姓者因畏惧堕落地狱，故一心持诵此偈文。终于被狱卒带至阎魔王前，阎魔王问道："汝有何功德？"

王姓者答道："我仅一心持诵此偈文而已。"

终于阎魔王不究其罪，王姓者亦因此得以不堕地狱。三日后，王姓者复苏，偈文仍谨记于心。于是，至一寺院，告知僧人事情原委，并请代为查寻偈文出处，终于知系出自《华严经》。王姓者并将自身之体验，详告空观寺之僧定法师。(《华严经传记》卷四)

如上所述，此偈文即被称为"破地狱之偈"，且被人们不断称念、记忆，因众人确信持诵此偈得以不堕地狱。

如今，禅宗于施饿鬼时所诵之经文，冒头即：

若人欲了知，三世一切佛；
应观法界性，一切唯心造。

最后"一切唯心造"之语，即《华严经》唯心思想之精简表现。或此经文即由"破地狱之偈"蜕变而来。文殊菩萨为法照所说之偈文"诸法唯心造"，与"一切唯心造"可谓意义完全相同。

心净则众生净

上文所引用之"唯心偈"，其最初"心如工画师"

者，即喻心如工画师之能自在作画。比喻亦可见于《杂阿含经》卷十："长夜种种，贪欲、嗔恚、愚痴种种，心恼故众生恼，心净故众生净。譬如画师、画师弟子，善治素地，具众彩色，随意图画种种像类。"(《无知经》)

此谓画师及其弟子，于整备之画纸上，能随意作画，不论图像或色彩，皆能自由运作。即喻凡夫之心，为贪嗔痴等烦恼所染污，亦如沾满各种色彩。心若恼闷，则众生苦；心若清净，则众生净。此心净众生净者，即《华严经》"唯心偈"所谓之众生心净则成佛。心恼则为众生，心净则成佛，心、众生与佛，并无分别。《杂阿含经》亦如此说。

心若清净则成佛，心若污染则为众生。法照承文殊菩萨赐示"诸法唯心造"之偈文前，菩萨尚有如下开示：

汝等欲求解脱者，应当先除我慢心；
嫉妒名利及悭贪，去却如斯不善意；
应专念彼弥陀号，即能安住佛境界；
若能安住佛境界，是人常见一切佛。

此谓欲求解脱，应当先除我慢心。更除嫉妒、名利、悭贪等烦恼，专念弥陀名号，则能安住佛之境界，能常见一切佛。《华严经》云：若能了知一切唯心造，则能见真佛。两者说法虽异，其意相同。断除烦恼则如何？文殊菩萨继续说道：

> 若能速断诸烦恼，即能了达真如性。
> 在苦海中而常乐，譬如莲华不着水；
> 而心清净出爱河，即能速证菩提果。

能断烦恼，则能见真如月。生长于泥淤中之莲华，能不着污水，而开出清净花朵。相同地，生存于苦海中之人们，亦能入于安详境地，其心明澄、清净，出爱欲大河，证菩提果。

所谓一切唯心造者，即吾人之心若清净则为佛，心若为烦恼所染污则为众生。《杂阿含经》之"心恼故众生恼，心净故众生净"。与文殊菩萨对法照之开示、《华严经》之唯心偈等，可谓完全相同。

佛之音声深妙

《夜摩天宫菩萨说偈品》之最后，以智林菩萨之偈文结束。

> 虽闻如来声，音声非如来；
> 离声复不知，如来等正觉。

虽听闻佛之音声，而音声并非如来；然若离佛音声，则不知佛之所悟。佛之音声并非仅为音声，其中含蕴着佛陀之慧命。法照于大圣竹林寺听闻文殊与普贤二菩萨之开示，然其开示非仅为音声，因此"法照闻已，欢喜踊跃，疑网悉除，法照礼谢已，合掌而立"。文殊、普贤二圣之开示，并非仅为音声，法照听闻开示后，心中之疑网顿然消除，朗朗如秋空之不留云点。

智林菩萨之偈文最后：

是处甚深妙，若能分别知；
庄严无上道，远离诸虚妄。
一切诸如来，无有说佛法；
随其所应化，而为演说法。

佛陀音声之不可思议，甚为深妙，若能了知其理，则能觉悟，远离迷妄。佛应众生之能力而为说法，即应众生心愿，佛为之说法教化。

法照于南岳衡山祝融峰时，其钵中映现出五台山之风光，及以文殊为首之一万菩萨，此乃法照深愿之感应。若无求心及愿心，则佛菩萨不出音声，亦不显像。

11　无尽之宝藏
——功德华聚菩萨十行品、菩萨十无尽藏品

石窟之行者——樊玄智

中国陕西省中部黄陵县、宜君县一带，地域并不广阔，却有数个石窟。黄陵县双龙乡之香坊村，有香坊石窟。此石窟位于陈家山之断崖，面临沮河。不太宽之洞窟中，正面有弥勒菩萨结跏趺坐，其上有飞天之雕像。石窟中有男性供养者十人、女性供养者十二人之雕像，每一供养者之姓名均详列其上，此为其特征。

自香坊石窟之入口，右行约五米，有高约五米之石龛，其内有高约四米之摩崖大佛，两侧有二胁侍菩萨，手持莲华，肃然而立。

宜君县福地水库之断崖亦有石窟，其内有释迦佛结跏趺坐，周围端坐无数男女供养者。类似此一佛二菩萨之较小石窟，散布于宜君县。

此等石窟，究竟雕刻于何时，虽不能确知，但据传，其样式类似龙门之东魏石窟，和巩县石窟之供养人礼佛图，或可测知此等石窟当雕造于南北朝末叶。

今之黄陵县、宜君县，唐朝亦称为坊州。坊州赤沙乡有一华严行者，名樊玄智。离村庄三里处，有一石窟。或此石窟亦如现存之小石窟，不仅为礼拜之对象，亦为修行者坐禅之处所。

樊玄智住此石窟达二十余年，昼间读诵《华严经》，夜间则坐禅。每于读诵经典时，林间鸟兽皆聚集而来，凝神听经。诵经者，并非仅出声读诵，其音声中须同时具有音德。

虎豹等猛兽，慕诵经之音德，而俯伏于樊玄智之旁。一次，一恶人将樊玄智推落崖下，然却安然无恙。唐永淳元年（公元六八二年），村人见石窟中放出光明，怪而探之，见樊玄智已坐亡。村人将尸体移出窟外，光明随即消灭。村人将尸体火化后，建塔供养。时樊玄智七十余岁。

樊玄智以居士身尽其生涯。十六岁时，离家至长安，依华严宗开祖杜顺禅师修行，专诵《华严经》。后又至终南山至相寺，学习《华严经》教理，然樊玄智始终致力于《华严经》之读诵。据云，樊玄智于诵经时，曾自口

中不断出现舍利，其数百余粒。樊玄智除自己供养外，更分送多人供养，此乃以舍利布施。（《华严经传记》卷四）

樊玄智自口中出舍利、供养舍利、以舍利布施，因此，人们皆知舍利之功德，皆知供养舍利之重要。华严宗之大成者法藏，自长安远至西方扶风法门寺佛舍利塔前，燃指发愿，时年仅十六岁。至晚年，奉则天武后之命，将法门寺之佛舍利迎至东都内宫。樊玄智为居士身、供养舍利之华严行者。

菩萨之十行——功德华聚菩萨十行品

第四夜摩天宫会序论之后，进入本论，即《功德华聚菩萨十行品》与《菩萨十无尽藏品》。《十行品》中，功德林菩萨说十种行；《十无尽藏品》则说无尽之宝藏。

功德林菩萨承佛神力，进入善伏三昧。诸佛为功德林菩萨摩顶，功德林菩萨自三昧起，说菩萨之十行。

佛子！何等为菩萨摩诃萨行？菩萨有十行，三世诸佛之所宣说。何等为十？一者欢喜行、二者饶益行、三者无恚恨行、四者无尽行、五者离痴乱行、六者善现行、七者无著行、八者尊重行、九者善法行、十者真实行。

一、欢喜行者，平等惠施一切众生，施后不后悔，不求报，不求名誉。如樊玄智自口中出舍利，且将之布施别人。菩萨修欢喜行，令一切众生心中充满欢喜，是为欢喜行。即施者、受者、施物等三者皆空，远离一切执着之行。

二、饶益行者，即守持佛戒。守持清净佛戒，远离一切烦恼。樊玄智一味诵经、坐禅，虽为在家居士，当能守持戒律，否则诵经时，将无音德令猛兽俯伏。即使魔王或天女，亦不能诱惑之。"心净如佛"者，即实践此行者。欲实践此行，必须能觉悟"一切法如梦如电"之理。

三、无恚恨行者，即忍辱行。和颜爱语，不加害于人。即使刀杖加诸于身，欲有所危害，亦不嗔恚。

四、无尽行者，即精进之行。樊玄智于石窟中诵经、坐禅，一住二十余年。精进者，即持续不断。大凡一件事，若能持续三十年不断，则当能有所成就。

五、离痴乱行者，即修禅定。依禅定而住于正念，令心不散乱。若能住于正念，则"闻好恶声，心无憎爱"。住于正念中之樊玄智，虽为恶人推落山崖，仍能身不受损。

六、善现行者，即观一切诸法无相之智慧。若能知诸法无相之相，则能入无缚无着之法门。

七、无着行者，即远离一切执着，且随顺一切世间。

不论遇见何物，皆能心不执着。心不执着者，即为自由人，或自在人。"见彼佛国，心无所着；若去佛国，心无余恋"者，即修无着行之人。即使得见净土，亦无往生之执着；远离佛国净土，亦无念慕之心。

八、尊重行者，即愿救度众生、完成觉悟之行。尊重行之实践者，必须"不自求己安，但欲调伏一切众生，净一切众生，度一切众生"。更须有"怨亲等观而无差别，欲令究竟至于彼岸，具足成就无上菩提"之心。"怨亲平等"者，说来容易，实际上，却为极困难实践之事。

九、善法行者，即成就十种身，利益一切众生之行。即为众生之家、救护、皈依、尊道、师、灯、明、炬、光，以及各种灯。简而言之，即为众生之依赖、光明。自口中出舍利之樊玄智，实即为众生之光明。

十、真实行者，即学诸佛真实之教，济度一切众生之行。此真实之实践者，即依本愿令众生得清净。本愿者，乃宇宙或大自然之生命，即为令其生命存续所行之道。

功德林菩萨说完十行之后，又以偈文重说，其中有：

见者悉不虚，所修皆真实；
业行不可坏，最胜之所行。

所修皆真实者，即华严所说"举体全真"。樊玄智自口中能出舍利，其音声中具有音德，能感鸟兽来集。即音声即佛声，此乃"举体全真"之谓也！而其行、其言、其思，实即佛之行、佛之言、佛之心也！

十种无尽藏——菩萨十无尽藏品

其次，功德林菩萨述说十种无尽藏（无尽之大行），此即《菩萨十无尽藏品》。《无尽藏品》之冒头云：佛子！菩萨摩诃萨有十种藏，三世诸佛之所演说。何等为十？信藏、戒藏、惭藏、愧藏、闻藏、施藏、慧藏、正念藏、持藏、辩藏，是为十。

藏者，含藏之意。即为一切收藏，又从所藏中出之。

一、信藏者，即信诸法空、无相、不生，心中澄净。信藏若成就，即能得不退转之信、不乱之信、不坏之信、不着之信。若对《华严经》无不退转之信，则不可能持续诵读数十年，故知樊玄智已确立信藏。

二、戒藏者，即持守十种清净戒。十种清净戒者，即饶益戒、不受戒、无着戒、安住戒、不净戒、不恼害戒、不杂戒、离邪命戒、离恶戒、清净戒等。

饶益戒，即利益众生、令众生得安乐。

不受戒，即不受外道之戒。

无着戒，不执着欲界之戒。

安住戒，不造五逆罪（杀父、杀母、杀阿罗汉、破和合僧、出佛身血）。

不净戒，即互不争执。

不恼害戒，不因持戒，学诸咒术、药草，恼害众生。

不杂戒，离断常见，不持杂戒，但观察十二因缘，受持清净之戒。

离邪命戒，受持清净戒，以求一切智。

离恶戒，不自言持戒，不恶口向破戒者。

清净戒，远离杀、盗、邪淫、妄语、恶口、粗言、两舌、杂语、贪嗔恚、邪见，守持十善，即持清净戒之意。

三、惭藏者，离无惭之行，而得觉悟。如"自惟我身及余众生，去来现在行无惭之法"。人于自我反省时，思惟自己或他人，去来现在所行无惭之法。无惭之行者，即由三毒、虚伪等所为之不善行，因毒念而致人我间互相危害。

四、愧藏者，忏悔一切贪行，以完成佛道。人，为贪求财宝、妻子、名誉、心无厌足。若仔细思考，人与我之贪欲心，实无分别。

五、闻藏者，即多闻藏。听闻佛之教法，以完成无上佛道。

众生长夜流转生死，

童蒙凡夫不知修道；

我当昼夜精勤学问，

受持一切诸佛法藏；

究竟成就无上菩提，

广为众生说真实法；

普令一切成无上道。

由此可知，众生长时流转于暗夜中，迷惘不知修学佛道。因此，我当昼夜精进学道，成就无上菩提，为迷惘于暗夜中之众生，说真实教法。

富贵无常——布施难

六、施藏者，即十种布施：修习施法、最后难施法、内施法、外施法、内外施法、一切施法、过去施法、未来施法、现在施法、究竟施法。

第一，修习施法，即平等施。自己不贪着，平等施一切。"我身饥苦，彼亦饥苦。"施食予人，余者自食，谓之修习施法。此实非普通人所能办到。人在饥苦时，人肉尚且要嚼食。战争时，见兵士们受饥苦之惨状，则可了然人类之骇相。故知于极限之状况下，"修习施法"，实乃难以实现之教法。

第二，最后难施法，即为他人牺牲自身性命。此乃"菩萨之最后难施法"，非凡人所能为。敦煌莫高窟第二五四窟南壁，北魏时代之壁画中，有萨埵太子舍身饲虎之图，及供养萨埵太子之塔。如此，以自身饲动物或他人，实非普通人所能为。能如此实践者，即佛陀也！

第三，内施法，若有求血肉、脑髓者，随即欢喜施与。即舍己命，以救他人之布施。

第四，外施法，若有求地位、财产者，以欢喜心与之。即凡拥有财产，或位极人身者，能欢喜布施别人。"富贵无常，必归贫贱"，此乃名言也！地位、富贵皆无常，吾人实宜铭记于心。

第五，内外施法，乃内施法、外施法合并实行，即有求身体、财宝者，皆能欢喜施与。然于"我身财宝，俱非坚固；无常危脆，磨灭之法"等语，若不能悟知，则无法实践此布施行。

第六，一切施法，即舍一切爱着，将之施予请求者。

第七，修过去施法，于过去之所行，一切不执着，而教化众生。人，若将过去之事执着不忘，则凡事难成。"过去诸法，皆悉舍离。"即谓舍离过去诸法之重要。舍弃过去，不思未来，以今生为主，乃为重要之事。因过去不再来，而未来尚未到之故。

第八，修未来施法，不思未来，一味以现在为主，致力于教化众生。此乃与第七之修过去施法同时修持。口头言之，较为容易，即第七、第八，亦不易实行。

更困难者乃第九之修习现在施法。虽今世现存，实亦不易。

知悉现在所行之一切行为，皆如梦，皆不真实，此乃重要之事；若不能悟知，则将流转恶道。

第十，究竟施法，思惟此身不净，难以为赖，依众生所愿，一切施与。

听闻诵经之音声

以下再依十藏之顺序，继续说明：

七、慧藏者，即知一切诸法之真实相。一切诸法皆依业报、因缘所成；故须知一切诸法无自性、不坚固、不真实，一切皆空。能悟知一切诸法皆空，而说真实之教，即为慧藏。

八、正念藏者，正念藏也，即念持诸佛之法藏。若能念持法藏，则能断除一切执着。

九、持藏者，闻持藏也，即闻持诸佛之教法。闻持诸佛之教法者，即绝对否定自我。若能如此，则能"唯佛境界，余无能及"。因若执着于自我，则不能听闻佛之教法。

十、辩藏者，体得智慧，为众生说法。不违诸佛之教法，逐日说一句一味之法，而无尽期。樊玄智尽其生涯，读诵《华严经》，即为辩藏之一法；以其音德感动鸟兽草木，则为辩藏之极致。

说上述十种无尽藏者，即《菩萨十无尽藏品》。无尽藏者，即此十藏无尽。无尽，即无尽期。如泉水涌之无尽。无尽，又为不断之精进。因不断精进，能自十藏无限地吸取真实。于石窟中二十余年，不断坐禅、诵读《华严经》之樊玄智，可谓即不断精进之实践者。于《华严经》之《十行品》《十无尽藏品》，不知读诵多少遍；于数度诵读中，或已将文全部记住。然樊玄智并非仅限于暗记，而能将十行与十藏，付诸身体全部实行。

于石窟中读诵《华严经》之樊玄智，其心中究竟何所思？或即施藏之教法。舍弃一切爱着及过去、现在、未来之樊玄智，于生涯中，一心实践坐禅、读诵行，于寂然无声之森林中，鸟兽闻其诵经音声，亦因之陷于沉思。

华严行者之诵经音声，于今似仍于耳际间回荡。

12　无量之回向

——如来升兜率天宫一切宝殿品、兜率天宫菩萨云集赞佛品、金刚幢菩萨十回向品

于兜率天之慧远与僧休

　　于西安市（长安）有一规模雄伟之寺院，即大兴善寺。现在被称为大兴善寺公园。公园内树木葱郁，竹林青翠；中心部有山门楼、天王殿、钟鼓楼、大雄宝殿、观音殿、法堂、方丈室等建筑物，宁静肃穆。大兴善寺系由隋文帝所命名，为一有来历之寺院。

　　隋开皇十七年（公元五九七年），曾经开讲《华严经》之灵干，因染病而致闷绝，亦因闷绝而意识尽失。身体逐渐冷却，唯心脏犹温，故未予埋葬。数日后忽觉醒，曾说出下列不可思议之事故。

　　有二从者伫立于门前，招呼灵干一同往空中行去，至一大花园。其中有七宝之树林，枝叶繁茂。瞬间，忽

不见二从者踪影，灵干独自进入花园，只见树木、水池、山峰等皆为珍宝所严饰，珠光闪烁，令人目眩不能正视。忽见一树下端坐一人。说道："灵干！你也来了。"仔细端详，乃驰名之净影寺慧远法师。

灵干探问道："此为何处？"

慧远答道："兜率天是也！我与僧休法师同生于此，南边树下端坐者即为僧休法师。"

灵干朝南一瞧，不正是僧休法师耶？

再仔细观察，但觉二人皆非原来之生身，二人头戴天冠，身着朱红及紫色衣服，唯说话仍用生前之语言。慧远又道："是后，汝与我诸弟子等皆得生于此。"

以上乃灵干于闷绝后体验死后世界之事实。至兜率天花园之灵干，与地论宗大家慧远、僧休等相会后，知悉自身死后亦能往生兜率天。

受敕入住大兴善寺之灵干

灵干幼时，年仅十岁即欢喜至寺院游耍，及参与法会、听闻佛法。十四岁，依邺都大庄严寺昙衍出家，研修佛法。每于入讲堂时，有如入兜率天宫之感受。十八岁即能开讲《华严经》，资质秀逸，令人惊异。

北周武帝废佛时，曾暂时避难。迨隋朝复兴佛教后，又积极展开活动。曾有海玉法师者，指导华严经结社之修持，灵干亦应请为之开讲《华严经》。

隋开皇七年（公元五八七年），奉敕命入住长安大兴善寺，并任译经、证义。值阇那崛多翻译经典，灵干乃协助其事。

仁寿三年（公元六〇三年），隋文帝敕于全国百十三州建立舍利塔，灵干亦曾奉敕命迎舍利至洛州汉王寺安置。大业三年（公元六〇七年），又奉敕任大禅定寺上座。大业八年正月，以七十八世龄示寂，遗体火化后葬于终南山。

灵干一生参究《华严经》，曾依经本著《莲华藏世界观》及《弥勒天宫观》等书，并尽毕生之力求生兜率天。临死时，又蒙青衣童子二人出迎，行至兜率天城外，未能进入城内。即举足，目朝上方，欲睹城中宝树之景象。其时，灵干弟子童真，守护师旁，见临死之灵干，眼朝上方，似有所视。入兜率天宫为灵干之愿望，当灵干瞑目时，不知是否进入兜率天宫？

宫殿之庄严——如来升兜率天宫一切宝殿品

《华严经》第五会"兜率天宫会"，系说十回向之法，此会中说有《如来升兜率天宫一切宝殿品》《兜率天宫菩萨云集赞佛品》《金刚幢菩萨十回向品》等三品。初二品为本会之序文，第三品为正宗分。兜率天宫者，即兜率天之宫殿，据传弥勒菩萨即于此说法。灵干所著《弥勒天宫观》，正与兜率天有关，灵干曾进入兜率天宫，故能详述天宫之样相。

首先，《如来升兜率天宫一切宝殿品》说迎请佛陀之事。佛陀并未离去夜摩天宫之宝庄严殿，而直入兜率天宫之一切宝庄严殿，安坐于刻意严饰之师子座上，此宫殿系以各种珍宝庄严具装饰而成。此由百万亿妙宝所装饰之宫殿，与灵干所见由珍宝所饰之林地山池等景观，无甚差异。

宫殿中，百万亿天神、龙王、夜叉、阿修罗王、金翅鸟王、化乐天王等诸天诸王，皆恭敬礼拜于佛。并道：

　　　　如来出世，甚难值遇；
　　　　功德具足，智慧无碍；
　　　　平等正觉，我今得见。

此乃表示能值遇于佛之欢喜，并以香华、抹香等供养佛。

兜率天王更赞叹道：

　　　　无碍如来犹满月，诸吉祥中最第一；

来入众宝庄严殿，是故此处最吉祥。

即谓犹如满月之佛陀，为吉祥中之大吉祥；佛所居之宝殿，亦为最吉祥之处所。

菩萨之赞佛偈——兜率天宫菩萨云集赞佛品

其次为以金刚幢菩萨为首之十位菩萨，各率领其世界之菩萨，来诣佛陀，并礼拜供养。时，世尊自两膝放出百千万亿光明，普照一切世界。十位菩萨各以偈文赞叹佛德。

首先，金刚幢菩萨说道：

> 如来不出世，亦无有涅槃；
> 以本大愿力，显现自在法。

即使佛不出世，亦无涅槃，宇宙之生命力，亦任运自在，出生成长。即谓不论有佛无佛，大自然之生命力，能于任何处所生成。《华严经》之本尊毗卢遮那佛亦然，故有"色身非如来，音声亦如是"之谓。其本愿力者亦即法身之力。

夜光幢菩萨接着说道：

> 譬如一心力，能生种种心；

> 如来一法身，出生诸佛身。

一心之力、意志之力，或愿力之力等，能生各种不同之心；相同地，如来之法身，能出生诸佛身。法身无形，非眼能视，此即大自然之生命力，其生命力能出生诸佛。

> 三世一切佛，法身悉清净；
> 随其所应化，普现妙色身。

法身清净，其清净之生命力，能出生佛之色身。即以肉身示现于世之佛，乃宇宙之生命力所成。《华严经》将此宇宙之生命力，即佛之法身，称为"毗卢遮那佛"。

佛之法身，何处可见？宝幢菩萨说道：

> 法身无处所，充满十方界；
> 佛身难思议，如空无分际。

宇宙生命力之作用，即如来之法身，非凡夫双目能见，亦无存在之处所。但并非不存在，且充满于十方世界中。如来之法身，亦非吾人浅陋之知识所能了解。因其恰如虚空（太空）之无限无际，广大无边。

接着，真宝幢菩萨说道：

众生虚妄故，是佛是世界；

若解真实法，无佛无世界。

吾等众生生于迷妄中，故分别此是佛、此是世界。若自真实之法身世界观之，则佛与世界皆不存在；仅众生于迷妄中，妄加分别而已！

如此，诸菩萨各以偈文赞叹佛德。

十种回向——金刚幢菩萨十回向品

其时，金刚幢菩萨承佛威神力，入于明智三昧中，得睹百万诸佛。此等诸佛皆名为"金刚幢"。诸佛语金刚幢菩萨道："善哉！善哉！佛子！乃能入是菩萨明智三昧正受。"此实乃卢舍那佛本愿力之缘故。诸佛各伸右手为金刚幢菩萨摩顶，且促其快说回向之法。

于是，金刚幢菩萨说十种回向如下：

一、救护一切众生离众生相回向；

二、不坏回向；

三、等一切佛回向；

四、至一切处回向；

五、无尽功德藏回向；

六、随顺平等善根回向；

七、随顺等观一切众生回向；

八、如相回向；

九、无缚无着解脱回向；

十、法界等无量回向。

有关十种回向，经中有详细叙述。所谓十回向，即菩萨将所修之善根，回向众生、菩提与真如。回向之回者，即回转之意；向者，即趣向之意。

此十种回向可分为三类：一、众生回向，以大悲救度众生；二、菩提回向，是正善根，趣于无上正觉；三、真如回向，舍弃执相，而证入真理。叙述以十种大行回向众生、菩提、真如等三者，即十回向法门。

第一，救护一切众生离众生相回向者，即回向个己所修之善根，决意为众生之舍、护、归、趣、安隐、大明、炬、灯、道、主宝臣等，以救度众生。

众生之状况，究竟如何？从下文可以窥知：

众生常为爱网所缠，无明覆蔽染着有爱，为之走使不得自在，缚在苦狱随诸魔业，于诸佛所心生疑惑；不得出世道，不见安隐处，常驰无量生死旷野，受无量苦。

此乃谓众生为爱欲所缠，为无明所覆，更为地狱之苦所系缚，心生疑惑，不知何处为安稳之境地，奔驰于生死旷野中，受无量诸苦，此为众生现实之写照。菩萨为救度受苦诸众生，而回向所修之善根，是为第一回向。

第二，不坏回向以下，先有一段长行说明内容，接着则为金刚幢菩萨以偈文再叙之。下文则先列述重要经文，再逐次说明其内容。

回向至彼岸

第三回向中，经云：若在家时，与妻子俱，未曾暂离菩提之心……虽与同止，心无所着，以本大悲故，处在家属；以大慈故，随顺妻子，于菩萨净道，无所障碍。

虽居在家生活，与妻子共住，随顺妻子，但却能坚守菩萨之清净道。此处所述即为在家佛教之根本。

第四，至一切处回向，谓以一切善根功德之力至一切处。因此，须先具足至一切处之身业、口业、意业等善根功德，然后能至一切处，而获得一切。此即所谓"一即一切"之教法。

第五，无尽功德藏回向者，即回向一切善根，庄严一切佛刹。由此回向可得十种无尽功德藏。

> 菩萨一切虚妄见，已灭已弃，永无余；
> 　远离世间烦恼热，得到究竟清净趣。

进入第五回向之后，即能舍去一切虚妄之我见及烦恼。灵干之所以能至兜率天，或即处于已舍去烦恼，唯心脏仍跳动之状态。

第六，随顺平等善根回向中，即述说一切施行，特别是清净之布施。又此段中，更详述有关回向之种种：

> 回向者何义？永度世间生死彼岸故说回向，度诸阴彼岸故说回向，度语言道彼岸故说回向，度众生相彼岸故说回向，度身见彼岸故说回向，度不坚固彼岸故说回向……度诸世间法彼岸故说回向。

此乃谓回向者，即为度一切彼岸之故。行布施行，亦为度彼岸之故。

第七，随顺等观一切众生回向中，述说菩萨修习无量善根，为众生之无上福田，令众生得清净。

> 勤修精进无懈怠，于一切愿不退转；
> 菩萨回向到彼岸，能开清净妙法门。

精进不懈怠，为达成一切愿望，决意不退转，则能回向到达彼岸。灵干于进入兜率天，会见慧远、僧休以后，较以前更精进修持，所谓"端然观行，绝交人物。"即端然不动而住，拒绝一切人际交往；因若不如此，则不能升入兜率天。即谓舍弃世间繁杂之交际应酬，一心坐禅精进，乃为必要之事。

无限回向

第八,如相回向者,即以所修善根回向于真如。如相,即真如相。菩萨若安住于此回向:

> 回向一切法自性无有自性,如相如善根亦尔。回向一切法无相真实相,如法如善根亦尔。

一切法无自性,故真如无自性,善根亦无自性。一切法无相,故能知真实之相。虽回向,但并不因此而增长善根;不回向,亦不因此而减少善根。因无相之善根、无功德之善根,乃真正之善根。灵干得知海玉法师组织华严经结社,即发心开讲《华严经》,然却并非为积聚善根之故,实为不求一切报酬之无功德善根。

第九,无缚无着解脱回向者,即以不为相所系缚、不执着于见之解脱心,回向善根。

以无缚无着解脱心,得普贤自在;于一华中,令一切严净世界皆悉安住。

以无束缚、无执着之心,能至普贤菩萨自由自在之境地,亦能于一华中彻见一切严净之世界。所谓严净之世界,即如灵干所见之兜率天宫,或如莲华藏世界之景象。甚且其世界之景象,能于一华中悉见无遗。

第十，法界等无量回向者，即以见法界等无量诸佛、调伏无量众生之善根，回向一切众生。

住此回向中，能见法界等无量诸佛，能调伏法界等无量众生，能庄严法界等无量佛刹。所谓法界等者，即谓如虚空之无限大世界。无限大之回向者，乃宏大、雄浑，非人类浅智所能测知之无限大。

至于如何回向善根，即积聚功德，再如上述之回向法界等，则回向之善根，及受回向者，皆为无限大。《华严经》所言者，诚为无限大之世界。

生存于如此无限大世界中之众生，其所为着实微不足道。若自法界观测众生之所为，恰如芥子般渺小。人，若能悟知此理，则于自身之所为，当能心怀谦虚。

灵干曾于气绝时获见兜率天宫之景象，是后又再苏醒。终于，灵干亦面临真正之死期，曾一时失去意识，不久又回复，弟子童真问道："见到何物？"

灵干答道："见大水遍满，华如车轮，干坐其上。"

灵干自见坐于大水遍满之华上，又说道："所愿足矣！"终于气绝而逝。

坐于大水遍满之花上，乃因愿力不足之故。不能得生莲华藏世界，仅生于大水遍满之中。如净影寺慧远等所住之兜率天宫，亦不得往生。虽一度因闷绝而得见天宫之庄严，然真正临终，却不得往生，此乃愿心不足之缘故。

　　灵干毕其生涯，一心奉持《华严经》，开讲《华严经》，亡后却不得上升兜率天宫。灵干愿生彼处，曾撰有《弥勒天宫观》，然却未能如愿。吾等凡夫，又如何得生兜率天宫？佛陀于兜率天宫所说之《升兜率天宫一切宝殿品》以下三品，即曾详述，其深邃、其灵妙，若细思之，即能获知。

13　欢喜之妙道
——十地品（一）

得见天宫之大觉寺慧光

位于嵩山山麓之少林寺，以少林寺拳法闻名；又为达摩大师隐栖之道场，而为人所知晓。少林寺乃北魏孝文帝为佛陀禅师所建之道场。

佛陀禅师为印度之禅者，于游历中央亚细亚、西域等诸国后，来到北魏都城——平城（大同市）。平城有闻名之云冈石窟。或许，佛陀禅师于进入云冈石窟时，见到类似北魏帝王之巨大佛像，曾惊讶不已。此乃现存之云冈第十六窟至第二十窟之佛像。游牧民族匈奴王之长相雄壮、魁伟，有令见者折服之威力。

平城城内拥有百万资财之康家，为一佛教信者，曾为佛陀禅师建一别院，禅师即住此专修禅定。

孝文帝迁都洛阳时，佛陀禅师亦随至洛阳，住于嵩山，时或回洛阳禅院。时，有慧光者，年十三岁，随父亲来洛阳。慧光，即后来之律宗大德，亦为研究《华严经》之权威。

慧光随父亲至佛陀禅师之禅院，于四月八日，依禅师受三皈戒。禅师见慧光眼光炯炯发亮，知非普通孩童。诵经时随即记忆，至夏间，即为之剃度出家。才能非凡之慧光，于禅师教示下，致力于戒律之研修，终至成为律学泰斗。

其时，自印度来洛阳之勒那摩提，将世亲注释《十地经》之《十地经论》，译为汉语，慧光亦参列译场。当然，慧光因此精通《十地经》《十地经论》等内容。《十地经》者，即《华严经》之《十地品》，以独立经典流传于印度。精通《十地经论》之慧光，更从事《华严经》《十地经》等大乘经，以及《四分律》之注释。当时名流儒者等，皆重视慧光之学德，且尊为圣人。

慧光非仅为一佛教学者，更为一灵能者。有一年，久旱不雨，人们来到慧光处，请求为之祈雨。慧光乃至洛阳西南嵩山附近之池旁，向山神烧香祈雨，不久，洛阳原野一带，大雨滂沱。

北齐时，被召请至邺都，任国统，即宗教大臣。有关宗教行政，手腕卓越。示寂前日，乘车至事务所，甫出大觉寺之门，忽然屋脊断裂；于事务所执笔作务时，忽有土块掉落于笔前。但慧光却泰然自若，宛如平素。

临终时，于气息将绝之片刻，忽见天宫降下。此天宫为兜率天宫，或为《十地品》所说之他化自在天宫？却无人知晓。或许慧光已因此受迎往生天宫，时年七十岁。华严宗大成者法藏所撰《华严经传记》卷二中，有慧光之传记，并盛赞其遗德。

具大悲心——第一欢喜地

于《华严经》中占颇有重要地位者，即《十地品》。此即分阶段叙述菩萨修行之境地。自《十地品》第二十二至《宝王如来性起品》第三十二之十一品，为第六会于他化自在天宫之说法。他化自在天宫为欲界第六天，即欲界最高天。世尊于他化自在天宫之摩尼宝殿说法。或许慧光于临终前所见者，乃他化自在天宫庄严之景相。

时，金刚藏菩萨承佛神力，述说十地法。十地者，即：一欢喜地、二离垢地、三明地、四焰地、五难胜地、六现前地、七远行地、八不动地、九善慧地、十法云地。解脱月菩萨代表诸菩萨述说十地之重要性。

十地者是一切佛法之根本，菩萨具足行是十地，能得一切智慧。

金刚藏菩萨应解脱月菩萨之邀请，而详述十地之内容。

第一欢喜地者，即生大欢喜之所。此乃忆念诸佛、诸菩萨之心，所生之法喜。生大欢喜者，乃因"以大悲为首"之故。所谓"悲心乃智慧之首"，若无悲心则不能救度众生，此即说明仅具智慧实仍不足。

慧光于出家后，被誉为"圣沙弥"，因其能"所获利养，转以惠人"。利养者，即所受之物品或金钱。凡受人供养，必再转施他人；或将所学之经典内容，转述于他人。简而言之，即实行财施与法施。受持《十地经》之慧光，即极力实践进入"欢喜地"之菩萨行。

常行慈悲心，恒有信恭敬，惭愧功德备，昼夜增善法，乐功德实利，不乐于诸欲。此乃谓常具慈悲心之重要。以信心恭敬诸佛菩萨，自知惭愧，昼夜只愿积聚善功德，不为自己求安乐。此实即住欢喜地之菩萨之所行。然今世人之所行，恰与此教法完全相反。对他人无慈悲心，但求充足自己之欲望与快乐，若如此，则必堕落地狱；常持慈悲心，乃欢喜地之所行。因此，发大愿、具愿心，实为重要之事。

三聚净戒——第二离垢地

其次为第二离垢地。此乃离烦恼垢、持清净戒之所。

首先说三聚净戒，即摄律仪戒、摄善法戒、摄众生戒。摄律仪戒者，即断除一切恶，而守持戒律。具体而言，即不杀、不盗、不淫、不妄语。摄善法戒者，即积极实践善法。摄众生戒者，即摄取一切众生，普遍施与利益之利他行。经文中有关不淫，有云：

离于邪淫，自足妻色；
于他女人，不生一念。

即以在家之立场，受持不邪淫戒。

于摄善法戒中，极重要者，即为他人说善法，而自身更须能确实实践。

若人自不行善，为他说法，令住善者，无有是处。

自身不能行善，却向他人教以善法，欲其行善，此实乃行不通之事也！故必须首先从自身做起，然后以此教化他人。其善法之内容，即布施、爱语、利行、同事四摄法。此乃大乘菩萨之实践德目，其重要性不必再赘言。故言善行为者，即实践此四摄法是也！

于第二离垢地中所说之三聚净戒，确实为重要之法。佛陀禅师教示慧光当先修习戒学，即因此也。禅师曾对慧光说道："此沙弥非常人也。若受大戒，宜先听律。"（《续高僧传》卷二十一《慧光传》）

洞悉慧光具有异常才能之佛陀禅师，教导慧光须先学律。律为智慧之根本，若不具才能，实难理解。因若仅研习经论，易致忽视戒律；若蔑视戒律，则佛法将危，且为修道之障碍。

随顺禅师教示之慧光，于道覆律师处修习律学。慧光于修学《四分律》条文之余，更付诸实践。自年幼时即修习律学，而为慧光人格完成之奠基，此实不容置疑。

唯佛法为贵——第三明地

明地又称为发光地。首先说明欲入第三地，须具有十种深心，即净心、猛利心、厌心、离欲心、不退心、坚心、明盛心、无足心、胜心、大心。此乃离烦恼、求佛道所必需之十心。无足心者，即无厌足之心，无限之向上心。

> 如说行者，乃得佛法；
> 但以口言，无有是处。

此谓若不能依所教付诸实行，则不能获得佛法。仅口头言说，或限于思考，不能得利。故知唯实践胜于一切。于十波罗蜜而言，则特重视忍辱波罗蜜与精进波罗蜜二者。

为求佛法，堪忍任何苦楚。经文云：

> 为欲求法故，备受阿鼻苦；
> 何况于人间，小小诸苦恼。

阿鼻之苦者，即堕阿鼻地狱所受之苦。阿鼻地狱乃极恶之人受报之处，为所有地狱中最苦之地狱。即不堪其苦而哭泣喊叫之"叫唤地狱"。为求佛法，即使受阿鼻地狱之苦，亦能忍受。与阿鼻地狱相比较，人间之苦楚已不足为言。若仍不能忍受，则将无法求得佛法。

其次，经文又道：

> 日夜常精进，听受无厌倦；
> 读诵爱诵法，唯法以为贵。

此即说明日夜精进不懈，听闻、读诵经文之重要。慧光年轻时，于佛陀禅师处，一心不乱研究经典，其宁静安详之举止，仿佛仍隐约可见。摒弃一切，仅以佛法为贵，此乃学道者必备之心绪。

真妙之明珠——第四焰慧地

其次为第四焰慧地（焰地）。智慧之火能烧诸烦恼，故称为焰慧地。于此须修持四正勤、四如意足、八正道。四正勤者，即欲得觉悟所需之修行法之一。即：一、未生之恶、不善，令不生，而发心精进；二、已生之恶、不善，努力令之断除；三、未生之善，努力令之生成；四、已生之善，令不失却，且更努力令之增广。此四行即称为四正勤。口头言之似为容易，实际上，则须下大工夫努力，方能实现。四者之中，即使仅任何一种，欲令之彻底实现，已非易事。

四如意足者，又作四神足。即依禅定能令之生起之神通力。足者，原因是也。即如己意能现各种神通力之原因。于此又说"欲定"。如"欲定断行成就"，除去不善之强烈愿望，即为"欲"；令心集中于某一对象，即为"定"。依此定力而断除烦恼，称为"断行"。誓愿退治烦恼，而致力修持禅定，令心统一，此即为"欲定"。

因修习禅定而能发挥神通力。祈雨成功之慧光，其神通力即因修禅定而获得。当时有军阀欲向僧尼征税，以寺院财产充当军备，并公布"敢反对者斩"。时慧光任僧官，极力反对征税。主张绝对不可向僧尼及寺院征集税金，其强烈之不退转力，即因禅定而来。于"反对者斩"之气势下，一般普通人当即失去反对之力量；能拼着性命提出抗议者，乃因修禅定所获致之力量。

菩萨住于第四地，即使千亿恶魔，亦不能破坏其清净道。"如真妙明珠，不为水雨败"，即说住于第四地，其智慧清净，喻如明珠，不为污泥、雨水，坏其清净、明澄。

超越无明之暗路——第五难胜地

于第五难胜地中,说能胜难断之无明。进入此阶段,即能悟知苦集灭道之四圣谛、世谛、第一义谛等真理。谛,即真理。

于悟知世谛(世俗谛)之同时,欲知第一义谛,实为困难。世谛,即属于世俗范围之真理;第一义谛者,则为最高之真理。经文云:"菩萨随众生意,令欢喜故,知世谛;究竟一乘故,知第一义谛。"

即谓菩萨为令众生欢喜之故,而知世俗之真理。如慧光之祈雨、中止征税、行布施行等,皆为能识世俗真理之故。

人,为生存于世间,则不得不从事世俗之事。如为求生存,饮食、睡眠为不可或缺之事;为求饮食、生活场所,则须有经济来源,方能营生。如慧光,被任僧官,晚年更任具有崇高社会地位之国统,其辛劳可想而知。当慧光为俗事劳心时,佛陀禅师曾对慧光说道:"吾之度子,望传果向(四向四果)于心耳,何乃区区方事世语乎……道务非子分也,如何自累?"

即谓禅师之度慧光为弟子,乃希望传其禅修及境地,如僧官之俗务,非汝之本分,何苦如此为俗务所累?然慧光于僧官之俗务，及禅定之实践，皆能妥善处理。此实即"十地品"第五难胜地所说教法之实践。

于第五难胜地中所薰修之智慧及善根，皆为救度众生之故。经云："所作一切善根，皆为度众生故，为一切众生求安乐故，为利益一切众生故。"

为救度一切众生之苦恼，今得解说，而积聚善根者，乃住于难胜地之菩萨。

菩萨住此难胜地，称为念者、智者，或坚心者、随慧者、得神通者。善于记忆诸法之故，称为念者。"决定智慧故，名为智者。"即能以智慧决定一切事物之故，称为智者。"不舍持戒故，名为坚心者。"持守戒律者，即称为坚心者。如慧光之持戒者，即为坚心者。慧光"立志贞静，坚存戒业"。自出家后，即持守戒律，以持戒贯彻其贞静之一生。慧光实即经文所说之坚心者。在日本，则如栂尾之明惠上人，一生持戒不犯。

经文又云："善修禅定故，名为得神通者。"如上文所述，慧光又可称为得神通者。

菩萨住于难胜地，立誓愿道：

> 我当于一切众生，为首为胜，
> 乃至于一切众生，为依止者。

为救度众生，誓为主人公，为殊胜者，为一切众生之所依止处。"众生甚可悯,堕在无明暗,爱因缘所系。"为救度此类众生,菩萨须为之照亮闇暗之灯火。众生彷徨于无明之暗路中,为爱欲之网所系缚,菩萨能明见及此,知众生之危险处境。吾等凡夫,自陷于无明暗路中,丝毫不知其实际之状况。

经文又道:"为利世间故,造立经书等。"慧光终其一生实践利他行,曾有多种著书。《续高僧传》列有慧光之著书云:"凡所撰,《胜鬘》《遗教》《温室》《仁王般若》等,皆有注释。又再造《四分律疏》百二十纸。"此外,尚有《大乘义律章》《僧制十八条》等多种。撰文著书皆为利益众生,并非为提升自身声望。《华严经》谓"所作诸善业,皆为利众生",依此教法实践者,即慧光之利他行。

14　甘露之法雨
——十地品（二）

雁听华严经——大觉寺僧范

　　北齐文宣帝（公元五五〇——五五九年在位）建国于华北地区，其都城邺（今河南省临漳县），有寺院多处。

　　据《续高僧传》（卷十《靖嵩传》）载，邺都有大寺四千、僧尼八万、讲座数二百余，闻法之在家信者约一万人。

　　邺都有一大寺，名显义寺。胶州刺史杜弼尝于此举办讲经法会，应请而来者，为大觉寺之僧范。僧范为研究《华严经》之第一人。

　　当僧范于冬期讲座讲《华严经》，讲至《十地品》第六地时，有一雁腾空而至，自寺塔之东迁回而入讲堂，面对台上开讲之僧范，伏地聆听。讲经毕，则自寺塔之西，展翅而去。

至夏间，讲座开始后，有雀鸟飞来，凝神听讲。又曾于济州讲经时，有乌鸦前来听经。盖雁雀温和，欢喜近人听讲；而乌鸦者，恶性残忍，被喻为凶恶之物，如此，凶恶之乌鸦尚且前来听僧范讲经。

僧范自幼嗜读群书，至二十三岁，已遍读中国古典，以至印度各种咒术等，以学识渊博知名于当时。后立志学佛，曾燃指供佛。是后《华严经》之大成者法藏，亦于出家前燃指供佛。欲燃指供佛，若无坚强之愿心，则于事难成。

僧范二十九岁时，因听一僧开讲《涅槃经》，获悉佛法之奥秘，遂于邺都一寺中出家。出家后，专研《法华》《华严》二经，更师事当时之大学者慧光。是后，于邺都大开法筵，常有听众千余人聚集。时有大儒者徐遵明、李宝顶等依之受菩萨戒。儒者发心求受菩萨戒，足见僧范之感化力。在僧范之著述中，几乎遍及大乘经典，又撰有多种注释书。如此众多著述，若能有一二种流传至今，则不难获知北齐时代佛教研究之水准。

僧范自儒入佛，崇信者与日俱增，且被誉为"高僧"。所有供养物品，皆随手分施门徒，自身不留一物，于衣食等物质上从未有不满之显露。喜怒不形于色，严持戒法，始终如一。此外，更一心专注于《华严经》之研究，昼间开讲经典，夜里则礼拜千佛。天保六年（公元五五五年）三月二日，因疾而终，世寿八十岁。如其英悟之资质，后来者亦难寻觅。

专修唯心行之舍身行者——法喜禅师

僧范于开始讲解《华严经·十地品》之第六地时，有雁子前来听讲。第六地"现前地"乃重要之修行阶段。于第六现前地中，般若智慧现前，即说有名之"唯心偈"。第七地说广大心，第八地说神通力，第九地说智慧光遍照，第十地说承受诸佛法雨。

于说第六现前地之始，叙述菩萨之赞叹世尊。更有天女，作天众伎乐，赞叹世尊功德。有：

常行于布施，利益诸众生，
本来虽清净，持戒而坚心。

如此赞叹之语，恰如叙述僧范之生涯，雁子前来俯伏听经，亦为当然之事。

解脱月菩萨请求金刚藏菩萨说明第六地之风光。金刚藏菩萨答以进入第六地，须具十种平等。即觉悟一切法无性、无相、无生、无灭、本来清净、无戏论、不取不舍、离、幻梦、有无不二等。

进入第六地之菩萨，于观十二因缘之同时，并观：

> 三界虚妄，但是心作；
> 十二缘分，是皆依心。

此即"唯心偈"之谓。即说明世界乃因妄念所造作，十二因缘亦依心而成立。"唯心偈"一文，于偈颂中之表现，如后：

> 了达于三界，但从贪心有；
> 知十二因缘，在于一心中。
> 如是则生死，但从心而起；
> 心若得灭者，生死则亦尽。

二者所言相同，即谓因贪心、妄心，而有三界之幻影形成。生死者，即迷之世界，或流转之世界之所有物。而"迷之世界"，实亦由贪心所成。

唐初，长安附近蓝田县之津梁寺，住有法喜禅师者，因病而自觉生命将不长久，因此，不再服药，谓门人道："无常至矣！勿事嚣扰，当默然静虑，津吾去识，勿使异人辄入房也。"

法喜独自于房中，一心诵念"三界虚妄，但是一心"之"唯心偈"，泰然迎接"死"之来临。是时，门人皆闻北方林中，有音乐与车马声响起，众知此乃自极乐世界之来迎者，随即告知法喜禅师。禅师道："我已舍弃世间一切果报，又何复再思生极乐世界，那仅是麻烦之事罢了！"

说罢，即端然进入禅定，且不再发一言，房中充满香气，至五更，于端坐中逝去，颜色鲜明，如平常入定般。

法喜于生前，曾预示弟子道："将遗体曝置山野，布施鸟兽；再将死骸置于幽谷。"然而，于禅师逝世后，弟子们见其颜貌端详，欲将之曝置山野，皆感犹豫。于是，便决定凿造岩窟，将遗体安置。然而，是日夕时，却值暴风雪不停，雪积一尺高，将山路全部覆住。当遗体搬运途中，却闻已经死亡之法喜之声音，说道："我本欲将尸体曝置山野，布施鸟兽，为何欲将之埋葬，此乃违我本愿。大雪已将荒野埋覆，可立刻停止葬列。"大众听悉法喜所说，却无视于其所愿，仍将遗体安置于岩窟内。

隔不久，一信徒至窟内拜见遗体，见其容貌仍未改变，神色泰然。又隔不久，仍未见容貌改变，大家皆为其遗体不坏感到讶异。有人将覆住全身之衲衣掀起，一看！身体部分已不知为何物啃食，仅见枯骨鲜明，而头部却完好如初，容貌未变，头部以下仅剩骸骨，此实即符合法喜之本愿。（《续高僧传》卷十九《法喜传》）

有"青溪禅众，天下最称"之美誉之荆州青溪山寺，法喜自年轻时即于此修行，其示寂之事确实不可思议。示寂前，直念"三界虚妄，但是一心"，即使极乐世界亦不愿前往之法喜，竟示现如此奇迹。以尸体布施鸟兽，为法喜之本愿。而死后尸体被埋葬，后又达成其愿望之强烈意志，或即对懦夫之一种弹劾。此与一心念佛求往生极乐者，实如天壤之别。

"三界虚妄，但是一心"之道理，若能即此体悟，则死后之世界亦不在乎其有或无。因凡事皆由人之贪欲心所示现。死后若心不执着，则极乐、地狱皆不存在。所遗尸体布施鸟兽乃为最上妙方。如法喜之禅者，实为"三界虚妄，但是一心"之实践者。葬仪或坟墓皆不执着之法喜，实为生于空法中、死于空法中之行者。舍弃世间一切果报，不求往生极乐之法喜，其心中对于去来之看法如何？于终南山之暴风雪下，其遗体又何所见？人，独自来到世间，又独自悄悄地离去；独自一个人，于死时，即使极乐世界亦不求生，而舍弃一切之法喜，实即为一舍身之行者。

愿力与神通力——第七远行地

进入第七地之菩萨，能远离声闻、缘觉二乘之境地，故称为远行地。自第六地进入第七地,必须实践十种妙行。其中有:远离三界,而庄严三界。

求道者,必须能远离三界。僧范自儒入佛时,"空门寂想,不缘世务"(《僧范传》),即舍去一切世俗之生计,一心禅坐,觉悟一切皆空之理,不以世间杂务及人际关系困扰自心。然而,若仅舍弃三界,则不名为菩萨。菩萨者,须立誓度化众生、庄严三界。若欲庄严三界,则须于现实世界中实践菩萨行。

第七远行地中,有如下数语:

> 佛子!譬如二世界,
> 一定清净,一定垢秽。
> 是二中间,难可得过。

此世界中,有清净世界与垢秽世界二种,欲圆融此二世界,并非易事。一般人仅能偏于某一边。若生存于清净之世界,则无法救度陷于污浊泥沼中之受苦者;而生存于污浊世界中,则穷其一生亦无法得救。唯有菩萨越陷于污浊之泥沼中,其清净世界之意识越须强烈。

欲过此界,当以神通及大愿力。

即谓欲庄严三界,令污浊之世界成为清净之佛国土,须具有神通力及大愿力。若无神通力,则不能深入污浊之世界中。经云:"菩萨亦如是,行于杂道,难可得过。

以大愿力、大智慧力、大方便力故，尔乃得过。"

欲行杂道，实为困难之事。行杂道者，即庄严三界。如讲经、注疏等即为杂道，若非具大愿、大智、大方便力，则实难行杂道。其中特别重要者，即大愿及愿心。于行住坐卧中，皆能生起救度众生之愿心者，即为菩萨，而菩萨须具足十波罗蜜。实践十波罗蜜之菩萨，如经云："我当于一切众生为首为胜，乃至于一切众生为依止者。为救度众生须发挥其勇猛心而后行事。"

不坏之境涯——第八不动地

修行完成而不为所动，能自然实践菩萨行之地，称为不动地。入不动地之菩萨，即为深行之菩萨。此菩萨能远离一切世间相，及一切贪着，住于绝对不为声闻、缘觉所破之不动境地。

不动者，并非易事。或有经二三年之修学，于艺道、武道上下工夫，然不久即停止。不论任何事，欲求达到不退却之境界，实不容易。

入不动地名为深行菩萨，一切世间所不能测，离一切相、离一切想、一切贪着，一切声闻、辟支佛所不能坏。

此乃谓入不动地之深行菩萨，住于深远之境地中，非世间一般常识所能测知。已断除一切想念、妄念、贪着、执着之菩萨，其境涯非他人所能破，故称为不动地菩萨。僧范"喜怒不形，洗秽奉禁，始终一如"，可谓即住于不动之境地中。

喜怒哀乐不形于色，洗去一切污浊垢秽，住于清净之世界，持守戒律，始终如一，此境界或可谓即不动地之菩萨。雁雀尚且来听闻十地之法，可知僧范之于《十地品》，并非仅口头之开讲，乃全身实际之行动。即不动之"讲筵"。

诸佛子！菩萨此地不可坏故，名为不动地。智慧不转故，名为不动地。

如金刚之不坏，故称为不动地；智慧亦坚固不坏，故称为不转地。此外，第八地又可称为威德地、童真地、自在地、成地、究竟地，名称虽多，然其根本仍于"不动"。所以能支撑其不动者，即禅定力坚固之缘故。

说法无尽——第九善慧地

进入第九地之菩萨，智慧殊胜，不论至何处，皆能敷演妙法。欲入第九地，须具备十种智慧，其中有"欲入如来深密法藏"，即深入经藏之谓。若不入经藏，则不能了知佛之教法。僧范曾致力于研学《法华》《华严》

《十地》《地持》《维摩》等大乘经典,堪称为深入经藏之奥秘。

讲解经论时,并非仅止于自身之深入修学,于听讲之大众,更须把握其根机,所谓"对机说法"。于高名之儒者、教养深邃之高阶层人物,和一般普通农民等,须有应其根机而说法之能力。经云:

> 菩萨住是地,悉知众生心,
> 诸根及欲乐,种种差别义;
> 深心善思惟,随宜而说法。

住于第九地之菩萨,须知悉众生之心,能力与愿望,因各听讲者所具之能力皆不同。经云:

> 菩萨为法师,犹如师子王,
> 牛王宝山王,安住无所畏。

菩萨即法师,宣说大法时,犹如百兽之王——师子王,或如牛王、宝山王,大发师子吼,毫无畏惧。僧范之说法,或即如师子王,因雁、乌鸦等皆前来听法。

住第九地之菩萨,以四无碍智说法。即:一、法无碍智(说法时毫无滞塞);二、义无碍智(所说之义理流畅,毫无滞塞);三、辞无碍智(说法时之言辞无碍);四、乐说无碍智(以上述三种智慧,能自在为众生说法)。此间，若缺任何一种，则不能得说法自在。被称为"明匠"之僧范，或已具此四无碍智而能说法自在，因于聚集千余听众之场合，并非一般人所能为。

智慧之完成——第十法云地

如智慧云之漫布，如甘露雨之遍洒，此即法云地。其说法，如洒真理之雨，如云之弥漫，故称为法云地。

住法云地，于一佛所，能受大法明雨，二佛、三佛，乃至不可说不可说佛，于一念中，皆能堪受如是诸佛大法云雨，是故此地名法云地。

菩萨住于法云地，堪受无数诸佛之大法雨。又第十之菩萨，能具自在力。

是菩萨住此地，于智慧中，得上自在力。或以狭国为广，广国为狭；或以垢国为净，净国为垢。如是一切世界，皆有神力。

即于智慧中，能得自在力。能变狭土为广土，或变垢秽国土为清净国土。僧范于开讲《华严经》时，不仅如雀、雁之温和鸟前来听讲，凶恶不祥之乌鸦亦前来听讲。垢秽之鸟，亦能改变成为极乐世界能发出美妙音声之迦陵频伽。僧范之法音响彻法堂，此世界亦如佛国净土般，而于法堂内外听闻说法之鸟，亦即成为极乐世界之鸟。

《十地品》之最后，总结说明初地至十地之要点。于初地，发广大愿心；于第二地，严持戒律；于第三地，修习禅定；于第四地，专一修道；于第五地，琢磨方便智；于第六地，知甚深因缘；于第七地，修广大心；于第八地，发庄严世界之神通力；于第九地，以智慧光普照一切；于第十地，承受诸佛之大法雨。

能住于十地之菩萨，实非寻常之辈。即使初地之欢喜地，真能进入此境界者，或乏其人。然而，以此十种境界，用来激励自己，勉为适用，亦属必要。人，若能加功修持，必能达于某种境界。如僧范、法喜，与吾人无异，然彼等能尽心尽力精进修持，且能发大愿心，终能获得常人所不能得之神通力。愿心并非不能生起神通力，由愿心而发愿力，终能发起神通力。

15 华严力之发扬
——十明品、十忍品

于华严力有所体验之慧悟

　　耸立于中国西安市南方之终南山,为佛教、道教之圣地,至今仍残存有隋代所建之宝塔。隋代有名之寺刹——圣寿寺,即位于终南山之南五台山。欲至圣寿寺,须经由五台山管理所大门右侧狭窄之山道,再渡溪流,首先呈现眼前者,为五佛殿。五佛殿前,有唐代之石棺,安置于此。自五佛殿至圣寿寺,须攀登山道之急坡;登急坡时,于其前方左侧,可见一佛塔,此即隋代建筑之宝塔。宝塔附近,虽杂草树木丛生,但仍不减其身负悠久历史之巍巍雄姿。

　　自五台山管理所前,乘车穿越于山间羊肠小道,可抵曾为达官要人避暑之地"终南山庄"。从展望台向远处眺望，但见终南山层峦叠岭，嶙峋峻岩。自山庄徒步而上，可至紫竹林（寺名）。再往上攀登山峰，但见各处皆有广大平台，建筑物之基坛，或散置之瓦块，随处可觅，此原为寺院之旧址。据传此处曾有七十余所寺院，终南山原为佛教圣地之一。

隋代时，于终南山隐栖者，有禅定道场之慧悟。慧悟系与道友同隐于此，慧悟专学《华严经》，道友奉持《涅槃经》。二人皆以果子为食，栖于岩洞之中，有数年之久。二人各诵《华严》与《涅槃》，朝暮不懈。

一日，有一信者出现于前，礼拜二人后，说道："欲请汝等其中一人至家里供养。"

二僧互相推让，道："请你去受供。"

时，信者说道："请诵《华严》之法师来受供。"

因此，慧悟随信者前去。

行不久，慧悟问道："府上位于何处？"

信者道："于正南方。"

慧悟疑惑地问道："正南方皆山峦与溪流，并未见有村落人家。"

信者答道："实不相瞒，我乃终南山之山神，以岩窟为家，请不必惊怪。"

慧悟着实吃一惊，随之于奇岩怪石间行进，但却迟迟未达目的地。

山神问道："师日诵《华严经》，不知得神通力否？"

慧悟道："未曾得神通力。"

于是，山神托住慧悟，腾空而行，不久，至一庄严堂皇之殿堂。但见庭院中，备置许多珍馐美食，山神请慧悟就高座，慧悟自觉就高座之资格不够，辞退之。

山神道："师诵持《华严经》，堪受尊敬。"

时，但见约五百余僧，手持锡杖、钵，缓缓自空来下。慧悟大惊，即欲礼拜，众僧谦辞道："师既受持《华严经》，即是我等所尊敬处。"

大众默然受食，食毕又飞向空去。

宫殿住处之庭园中，约十余童子正兴致勃勃地游耍着。山神命童子前来供养慧悟。

于是，一童子走向慧悟，请慧悟开口，并仔细端详，告知慧悟汝身有病。童子顺手抓取爪中之垢，投入慧悟口中。稍后，又请慧悟启口，视之，谓病已略尽。是时，童子踊身跃入慧悟口中。此童子者，乃药精是也。至此慧悟遂得成仙。

告别山神后，慧悟归返原处所，跏坐空中，告知修行之同道："自己以诵持《华严经》之力，而获得仙药。人与神仙有别，以后不能再同处共住；长久以来之相处，特此致意，但望当来之世，相见于佛前。"说罢即消失于空中。平时读诵之《华严经》经本亦随之同往。有关慧

悟之华严力，亲口传述者，为禅门高僧五众禅师道树是也。(《华严经传记》卷四，大正五一·页一六五)

明见过去与未来——十明品

第六他化自在天会中，有《十地品》《十明品》《十忍品》《心王菩萨问阿僧只品》《寿命品》《菩萨住处品》《佛不思议法品》《如来相海品》《佛小相光明功德品》《普贤菩萨行品》《宝王如来性起品》十一品，此间，《十地品》已详述于前，今将叙述《十明品》与《十忍品》二品。

《十明品》以下之五品，一言以蔽之，即有关"十地"之补述。

《十明品》中，由普贤菩萨说明"十明"。"明"者，即佛之智慧运用自在，能普照一切物，故名为"明"。《十明品》即叙说如下之十明：

一、善知他心智明；

二、无碍天眼智明；

三、深入过去际劫无碍宿命智明；

四、深入未来际劫无碍智明；

五、无碍清净天耳智明；

六、安住无畏神力智明；

七、分别一切言音智明；

八、出生无量阿僧祇色身庄严智明；

九、一切诸法真实智明；

十、一切诸法灭定智明。

以上"十明"，皆为超越常人之智慧，简而言之，即为神通力。亦即慧悟所体悟之华严力。能得此十种超能力，即能知晓众生之一切心念。譬如善心、不善心、恶心、胜心、龙心、夜叉心、地狱心、畜生心、菩萨心等，举凡所有一切心之作用，皆能知悉，此即第一，所谓善知他心之智明。亦即"六神通"中之他心通。若欲知他心之动向，首先自心须是"无心"，于"无心"中自然能映现他心之动向。

第二，无碍之天眼智明，即"天眼通"是也。此神通力，如经文所述"知无量种种众生死此生彼"，即能知一切众生之死，以及死后投生于何处。人，不能预知自己之死期，而鸟兽皆能预知，当知自己死期将近时，即寻觅一隐避之处，将自己之身体隐藏，以免尸体为他物所见。作者之书斋邻接一森林，林中杂居众野鸟。虽常于森林公园中散步，却从未发现鸟兽之尸体；偶尔，或见一尸体，即为野猫所袭之小绶鸡。从未见有自然死亡之鸟兽尸体。然而，人类却不能预知死期，即使末期癌之患者，亦无法获知自己将于明日死亡。

而获得无碍天眼智明者,却能知悉他人之死期。此乃以清净天眼所见之故。清净天眼,能彻见人类之各种业及其果报。

第三,深入过去际劫无碍之宿命智明,即"宿命通"是也。即能清楚记忆自己或他人,有关过去之苦乐、饮食生活、姓名等一切事之能力。即于无限之过去,能任运知晓。一般人对自己之过去,顶多能记忆今生之事,对于脱离母胎以前之种种,则完全不复记忆。然而,若能获此神通,则于过去事物,能明明白白了然不失。现在有关分子生物学之研究,于遗传因子之解明甚有进展,确能将过去之情报,遗传于子孙。

第四,深入未来际劫无碍之智明,即能知未来之"天眼通"是也。有关众生未来生死流转时之业与果报,或众生之善、不善等,尽未来际皆能知晓之神通力。此与第二之"天眼智明"略同,唯第四之智明,不仅能知众生之未来,更能洞悉未来诸佛及诸佛国土之状况。即能知悉未来诸佛之出生及正法之久住等。一般凡夫即使明日之事尚且不能确知呢!唯能知众生及佛之未来情况等,乃因获得无碍智明之故。

获得华严力之慧悟,能饮仙药,能预知于未来世与同僚相见于佛前,而上升空中消失于无形,亦即能确信未来诸佛之存在。

无碍之智明

第五，无碍清净之天耳智明，即六神通中之"天耳通"是也。具有无碍天耳能力之菩萨，能悉闻十方远近之一切音声。如经文所述："欲闻不闻，自在随意。"

即于一切音声，皆能听闻。随自己心意，欲闻、不欲闻，皆能自在分辨。若有欲闻者，即使声音细小，亦能清楚地听闻。特别是其数无量之诸佛音声及诸佛之教法，皆能听闻。吾等凡夫，不能听闻佛陀之音声，乃因凡夫于诸佛之教法，不能信受奉行之故。

若众生能具有无碍清净之天耳智明，则能悉闻诸佛音声及其教法，不论距离之远近。

慧悟以诵持《华严经》，生活于读诵三昧之中，故能听闻山神之语言，能随山神进入终南山之深山中，获得神通力及遇不思议之现象。如此能分辨山神招请之音声，乃因华严力而获无碍天耳之缘故。

第六，安住于无畏神力之智明者，即"神足通"是也。得此智明之菩萨，能具足自在无作之神力、平等之神力、广大之神力、无依之神力、不退转之神力、不可坏之神力等。

自在无作之神力者，即能自由自在发挥神通力，此乃无作、自然之现象，并非蓄意或勉强作力而求神通力。乃系自然、无为而发出之力也。

然此并不限于神通力。若不能无作，则不能发挥真正之力。从武道之修炼上则可明了其理。若自肩上使力，则不论剑道或合气道，皆不能成技，若欲斩人亦不能随意。欲达无所作之自然状态，非朝夕锻炼则难以成就。

自在无作之神力，虽经文中所说看似简单，但仅其中任何一项，皆非容易获得。经中之所云，实皆非轻易能体得之言，此即唯佛所能说之经也。

再说"无依之神力"，无所依恃，仅凭自力，甚至连所依之自力亦须舍去，此即舍身之神通力、无心之神通力。若能如此，则亦可获得不退转之神力。有此神力，则不论于何时、何处，皆能见佛。

第七，为分别一切言音之智明。菩萨之所以能够理解众生之音声、言语，乃因具此神通力之故。不论印度之语言，或周边诸国之语言，乃至天、龙、阿修罗、人等各种语言，全皆能理解。若能如此，则不论至何处，于其国，皆能与国人之思想沟通，此亦为非等寻常之超人能力。

第八，为出生无量阿僧祇色身庄严之智明。菩萨能悉知一切，包括有形与无形。因能知悉一切，故能教化之。以神变不可思议之教化而救度一切众生者，即依此智明。

第九，一切诸法之真实智明者，即见"一切法不生不灭、一切法真实"之智慧。亦即叙述绝对否定一切事物及绝对肯定之大乘佛教的立场。

第十，一切诸法灭定智明者，即说菩萨入于三昧，得不退转。

若安住于此十种智明中能如何呢？经云："菩萨摩诃萨安住此明，一切天人不能思议，一切世间不能思议，声闻、缘觉不能思议。"

即谓天、人、声闻、缘觉、菩萨等皆不能知，唯佛能悉知。

十种忍智——十忍品

其次《十忍品》，叙述十种"忍智"。忍者，即认，而有智之意。十种忍智即：

一、随顺音声忍；

二、顺忍；

三、无生法忍；

四、如幻忍；

五、如焰忍；

六、如梦忍；

七、如响忍；

八、如电忍；

九、如化忍；

十、如虚空忍。

若能完成上述十种智，即能得一切无碍之智慧，及得诸佛无尽无碍之法。

第一，随顺音声忍者，即听闻真实之法，并信解、受持、安住之。听闻真实之法，而能不怖、不惊，实为重要之事。真正之教法中，无盛意之情，亦无眷顾之意。无常之法者，不论谁人皆教以"死"。人自出母胎，即逐渐步向死亡，此乃最真实之教法。若于听闻此教法之际，能不惊不怖，如实受之，即谓随顺音声忍。

第二，顺忍者，即以清净之直心修持平等观。即知一切诸法悉皆平等。

第三，无生法忍者，即知不生不灭之法性，住于离垢、无坏、不动之寂灭地。如经云："若不动，则寂灭地；若寂灭地，则离欲。"若能入于一切烦恼悉皆寂灭之境地，则能离欲。

第四，如幻忍者，即观诸法皆悉如幻。如经云"于一法中解众多法，众多法中，解了一法"。即知一即多、多即一。观察"一切世间悉如幻"，即为如幻忍。若观世间如幻，则知人之一生亦如幻。

第五，如焰忍者，即知一切世间皆悉如阳焰，无实性可得。阳焰（阳炎）者，即虚幻之谓，并无实体存在。

第六，如梦忍者，即知一切诸法皆悉如梦。日本江户时代之泽庵禅师，死前曾书一"梦"字，并歌云：

> 尚未觉醒，于此世之梦中做梦，
> 而此虚幻无常之身，又将何往耶？

以七十三岁之生涯，置一"梦"字示人而辞世。

第七，如响忍者，即知一切诸法皆悉如响，无实性可得。

第八，如电忍者，知如来之正法如电，能照明一切，游行无碍，而得无量清净之色身。

第九，如化忍者，知一切诸法皆悉如化，无实体可得，而不执着。

第十，如虚空忍者，即悟知一切诸法悉如虚空。

一切法如幻

普贤菩萨于说毕十种忍之后，为欲重明其义，而以偈颂再说明之，其偈颂有言：

> 诸色从心造，示现犹如幻；
> 虚空非真实，一切有如幻。

> 譬如工幻师，四衢现众像；
> 众生见欢喜，而实无所有。

即谓一切诸法，皆由心所造，如幻无实体，虚妄不真实。恰如善使幻术者，于四衢中幻现种种像，见者皆表欢喜；其实该像并无实体，瞬间即消失于无形。

慧悟上升天宫，于宫殿中，与五百余僧聚会，实则此皆为幻化。庭院中之十余童子亦当为幻化。而其中一人入于慧悟口中，亦属幻化之事。然入于慧悟口中之药精，或为事实。

此等诸事若从客观言之，或为幻化；然于慧悟而言，当为事实。此乃由幻觉所生之事，实甚容易明了，然于慧悟，却为确实体验之事实，且为不可或忘之不思议事。

仅慧悟一人有此不思议事之体验，乃因慧悟为一不断诵持《华严经》之华严行者，因此，由《华严经》力而感此不可思议之事。

慧悟诵持《华严经》，其所获之华严经力，较读诵《涅槃经》之僧更强而有力。山神见读诵《华严经》之慧悟，较读诵《涅槃经》者更具潜在之神通力。

《华严经》之《十明品》《十忍品》中，曾详尽地叙说着不可思议之神通力。

于《十忍品》之结尾处，经云：

> 真佛子善学，超成智慧力，
> 法力定智力，随顺修菩提。

此乃谓佛教之修行者，宜慎重修学之事。隐栖于终南山，木食岩栖多年，一心诵持《华严经》之慧悟，即如此朝锻夕炼，而致获有卓越之智慧力、法力、定力。智慧力者，如具足十种智明，或《十忍品》中所说之智慧即可；或善于理解《十明品》与《十忍品》中之教示，且能确实身体力行亦可。

法力者，乃依佛法修持所体悟之力。即如慧悟之读诵《华严经》所获得之不思议力。慧悟之法力感应于山神，而获得神通力，以及种种不思议瑞应。

如"读诵三昧"者，即谓因读诵而体得三昧，此即定力是也。定力者，一般皆由修习禅定而获得；慧悟则因读诵三昧而得。具足神通力，而又体悟智慧力、法力、定力如慧悟者，因此能获致华严力，而得于彼方世界与佛相见。

16　无量数与寿命
——心王菩萨问阿僧祇品、寿命品

太白山之华严行者——法藏

自陕西省西安市出发，经过咸阳市，车行约三小时余，即抵达扶风县。于扶风县西面有寺院名法门寺。西约六十公里即凤翔，南约二十五公里可抵渭河（黄河之支流），北有美山，东有美水，向南遥望，即秦岭山脉。秦岭山脉之主峰，即太白山，高约三千七百六十七米，突兀高峭，耸入长空。

法门寺最近之所以备受瞩目，乃因自倒坏之真身宝塔之地下宫殿，发现释迦佛之舍利指骨及多数唐代宝物。作者于公元一九八八年十一月九日法门寺纪念馆落成时，曾至法门寺参拜真身舍利。法门寺之舍利塔前，于唐时，有一少年发心烧指供养。此少年即华严宗之大成者贤首大师法藏（公元六四三——七一二年）是也。

时十六岁之法藏，尚未出家，为一普通之贵族少年。此少年为何于释迦佛之真身舍利塔前燃指供养？其祖先出身于中央亚细亚，其身中流有西域人之血，当他自长安抵法门寺时，于释迦佛之真身舍利前，燃指供养，或曾许下誓愿，或许其时法藏即发愿研读《华严经》之真义。

翌年，十七岁之法藏，于都城之诸大德处受教，但却未能满足其求知之愿望。于是，决然离别父母，深入太白山。耸立于法门寺前之太白山，为一深山。法藏于此山中，日食草根及果实，刻苦地度过数年。于太白山中可能有仙人或隐遁僧居住。于道教，太白山被誉为第十一洞天之圣域。山顶终年积雪，其至"疾风呼雨"。法藏于是后，曾显现各种神异，其神异之力或许即隐居太白山数年中所养成。

因亲人罹疾，法藏乃下太白山返归长安；闻云华寺有智俨开讲《华严经》，遂师事智俨。而法藏"多不由他悟，不如自知"，决以自身之力去体悟《华严经》奥义。

于《华严经》之深旨有所体悟后，法藏前后开讲三十余遍。特别于天册万岁元年（公元六九五年），法藏讲新译之《新华严经》，讲至《华藏世界品》华藏海震动之一段时，突然，讲堂、寺院震动不已，听者皆异口同声叹未曾有。

法藏曾多次因久旱不雨而祈雨得雨。于神功元年（公元六九七年）契丹叛变时，奉敕命建立十一面之道场，供奉观音像，行道数日后，契丹军曾见征讨军中，显现无数神王像及观音像，众皆惊骇，遂降伏之。

法藏曾奉武后之命，至法门寺迎请舍利，于舍利塔前行道七昼夜，于开启舍利盒时，但见舍利神辉灿然，大放光明。时法藏为大崇福寺住持。

如此，常有瑞象显现之法藏，实不仅为一有学者，可谓亦为一有神通力之行者。

《华严经》之经义虽甚深奥，但法藏却能契应听众之根机，说无尽之妙法；且能善于利用各种巧喻，简明幽玄之理论。

譬如，曾应则天武后之诏，于长生殿说六相圆融之哲理。时，法藏即指镇殿之"金师子"为喻，说"金"为法界之体，而"师子"为法界之用，如此以"金师子"之喻，令其理解《华严经》幽玄之义理。

法藏又曾为理解力迟钝者，取十面镜子，分列于八方，上下亦各置一面，各面镜子皆面面相对；再于中央置一佛像，于其后燃一炬照之。于是，光影互相映现，重重无尽。如此，众人皆能理解华严无尽之深理。

无限之数——心王菩萨问阿僧祇品

　　于此有限之世界、有限之寿命中生存之人类，对于无限之数、无限之生命，于观念上，多少或能理解，但于实感上，却无法知悉。

　　说此无限之数者，即《心王菩萨问阿僧祇品》第二十五，而说无限之寿命者，即《寿命品》第二十六。

　　心王菩萨请问佛陀道：世尊！所谓阿僧祇、不可量、无分齐、无周遍、不可数、不可称量、不可思议、不可说、不可说不可说。世尊！云何阿僧祇，乃至不可说不可说耶？

　　于是，佛为之说无限之大数。首先，先说百千，即十万；十万之十万，名一拘梨（Koṭi）；拘梨之拘梨，名为不变；不变之不变，名为那由他（Nayuta）；其次，又依其倍数求无限。即使最初之"拘梨"，亦为巨大之数。拘梨，又作俱胝，即数目之单位十乘七，或作一亿、一京。俱胝劫者，即为不可数知之长时间，或谓百亿劫。更甚者，"那由他"则为千亿，即无限之数。如此无限大之数，依序相乘，至第百二十一之数，为最终之数，于此称为"一不可说转转"。经云："无数无数名一无数转，无数转无数转名一不可称，不可称不可称名一不可称转，不可称转不可称转名一不可思议，不可思议不可思议名一不可思议转，不可思议转不可思议转名一不可量，不可量不可量名一不可量转，不可量转不可量转名一不可说，不可说不可说名一不可说转，不可说转不可说转名一不可说转转。"

人们之头脑所不能数、不能思者，故为不可说；然此所说者，为更超越于此之无限数、极大数。

于自然数中，若加"一"则可成为无限大之数，此乃为众所周知之事。而说明于一微尘中具足无限数者，即为《阿僧祇品》之特征。如：

悉能善于一念中，说不可说诸世界；
不可称说诸劫中，念念次第而演说。

于一念之中，说无限之世界；于无限之时间中，一念一念次第演说。即说"一瞬即无限、无限即一瞬"之时间论。亦即于"一瞬"中见"无限"，于"无限"中见"一瞬"。则有关时间性之"一即"即告成立。又于有关空间性中，如"不可言说微尘中，悉有不可说众生"，即说明于一微尘中，有无数众生存在。其实，并不仅无数之众生，于微细之毛孔中，有无量诸佛国土存在。经文中对此更有具体之描述。如从一身体放出无数光明，自一光明出无数宝莲华，自一宝莲华出无数华叶，自一月中出无数月等。其中尤以光明特别受瞩目，经云：

摄取不可言说转，出生光明不可说；
于彼一一光明中，出生诸佛不可说。

无数光明灿然辉耀，其一一光明中出生无数诸佛。于法门寺舍利塔前燃指供养之法藏，又奉则天武后之命奉迎舍利，其对于舍利之放出光明，当有深刻之感受。于舍利塔行道七日，得见光明灿然，即为"放出无数光明"之佐证。经文又云：

一毛端处无量刹，而于其中不迫迮；
微小毛端亦不大，悉容弥广诸佛刹；
不令佛刹有杂乱，形相如本而无异。

一毛端中有无量国土，互相邻接又不挤迫。如此，于一微小之毛端，容有广大之佛国土；佛国土整然配置于其中，丝毫不紊乱，且其形相亦不受损。于一般人之常识中，此实为不可能之事。然而，据现今分子生物学等之说明，人体构成之主要成分——细胞与分子，其存在情况，恰如上述之状态。

于《华严经》中，佛之光明遍照一切，而自佛眼视之，此处所描述之状况亦映现于佛眼中。自佛眼所见，不论供养之道具，或信心、施心、精进、智慧、神通力等，皆为不可说之无限大。

华严之数论

不厌其详地解说无限数量之《阿僧祇品》，其所说之"阿僧祇"（asaṃkya），为无数，即数之极致。法藏于《探玄记》卷十五中（大正三十五·页三八九中），列述五种数法，即：

第一，人类之数法，为最低下之数。此乃人类所能计算之数；

第二，诸天之数法，较人类之数法殊胜。譬如自在天王能知一念中大千之雨滴数；

第三，舍利弗能知超越人天之数法；

第四，菩萨之数法，依各菩萨位之不同，于所知数法亦有异。如《入法界品》所说之善知识释天主童子，能数沙数；文殊菩萨、普贤菩萨等，则能知刹尘，即无数国土之数。如此菩萨之数法，实非居下位之人天所能理解；

第五，佛之数法，佛所知为最极自在，因佛能知无极之数，故佛能说无限之数。为说明佛能知恒河之沙数，法藏引用《大智度论》卷七（大正二十五·页一一四中）之文："一切算数所不能知，唯佛及法身菩萨能知其数。如此，以此文为前置，然后继续说法。"

一时，佛于祇洹精舍外之园林下静坐，有一婆罗门来质问佛陀，道："此林中计有多少树叶？"

佛陀即时便答有若干叶。

婆罗门颇怀疑佛陀之回答。于是，密藏数片树叶，又至佛所寻问林中之树叶有多少。

佛陀答道："今已较前少了数片树叶。"即婆罗门所藏之叶数。婆罗门惊异佛陀之悉知一切，由是生起恭敬，而随佛出家。

上述乃说明佛能确知无数之数之譬喻。

依法藏之说明，得以理解佛与菩萨能知无限大之数，此能力实非人之所能及。即"无限数"唯佛智方能知晓。而《阿僧祇品》中所说之无限数，乃唯佛与菩萨方能确知之数。

法藏于《华严五教章》中，于"数论"亦有所敷演。为说明"法界缘起"，特引用一至十钱之譬喻，以叙述"相入"与"相即"。所谓"相入"，即说"一中有多""多中有一"；所谓"相即"，即说"一即多""多即一"。

依普通常识，一加一等于二；其实，此乃错误之想法，为一不可能之事。因一加一，仅为两个"一"之集合，即多出一个"一"而已，并不成为"二"之自然数。新自然数可因加"一"而成立，但却不仅为加"一"，乃于加"一"后之全体所同时产生之直感，而有"二"之自然数产生。

如此，其直感又如何能形成？此乃因"一"中具有"二乃至十"之意义，故"一"能成就"二乃至十"。即"一"中具足"二、三、四、五"。因此，若仅举其"一"，并非将"二"以下割离而单独存在，乃其与"二"以下相对，故有"一"成立。法藏认为此乃"因缘所成故一"。为成立"一"之自然数、"二"之自然数，于其他自然数相关之同时成立。甚且，于说"一"之当时，"一"中即包含其他全体自然数，此即所谓之"相入"。

其次，任举一自然数，其任举之自然数即表示全体之自然数，由此，任意之一自然数与自然数全体"相即"之道理即可明了。如举"一"，"一"为绝对之主体，"二"以下则为依存从属之关系。此时，"一"为有力，"二"以下为无力。因此，一即二、一即三……一即无限数则能成立。

设若以"二"为主体，则"一"及"三"以下，与"二"则为从属之关系。"二"为有力时，则"一"及"三"以下为无力，即为"二"所吸收。因此，二即一、二即三……二即无限数亦能成立。

依此关系，则一即十、十即一之显示，即所谓之"相即"。"华严"以"十"为圆满完全之数，而以十钱之喻说明无限数。

法藏所倡议之华严数论，若非具足高度之知性，则无创造之可能。类似此处所说之数论，于中国几乎未曾有。法藏之祖先，出身于中央亚细亚，法藏又曾协助实叉难陀从事翻译，通晓梵文。如此，具有语言能力，又有卓越之思考力，更能展现不可思议之神通力者，即华严宗之大成者贤首大师法藏是也。

寿命无尽——寿命品

其次，《寿命品》为一极简短之经文，叙说佛陀寿命长短自在。叙说者仍为心王菩萨。

佛子！如此娑婆世界释迦牟尼佛刹一劫，于安乐世界阿弥陀佛刹为一日一夜；安乐世界一劫，于圣服幢世界金刚佛刹为一日一夜。

娑婆世界释迦牟尼佛国土之一劫（无限之时间），相当于安乐世界阿弥陀佛国土之一日一夜。而安乐世界之一劫，相当于圣服幢世界金刚如来国土之一日一夜。以下，依顺序，善乐光明清净开敷佛、法幢佛、师子佛、卢舍那藏佛、法光明净开敷莲华佛、一切光明佛、觉月佛、贤首佛等国土，其前一佛之国土之一劫，皆相当于其后之一日一夜。

最后世界一劫，于胜莲华世界贤首佛刹为一日一夜，普贤菩萨等诸大菩萨充满其中。

于胜莲华世界贤首佛之国土，无限之时间，缩短为一日一夜。于其短暂之时间中，有普贤菩萨等诸大菩萨充满于其中。

如此，若无相当之思考力，将无法作此无限长时间之思考。最高之胜莲华世界贤首佛之国土，具有无限长之时间，但却仅止于一日一夜。娑婆世界之一劫，于最高之胜莲华世界，实不值其一瞬。

寿命者，究为何物？《中阿含经》卷四十四《鹦鹉经》，对男女寿命之长短有详细叙述：若男女杀害有生之物，并饮其血，或以害意行恶事，即谓由人乃至昆虫，凡一切有生命者，不能以慈心待之，且累积恶业，如此，必遭受短命报。反之，不杀生，舍刀杖，怀惭愧心，以慈悲心待一切生物，则能长寿，且得以生天。即说明积善根者寿命长，恶业重者寿命短。

人，若欲长寿，唯有积聚善根；佛，亦以善根而令其寿命长远。此间，不仅肉体生命之长而已，更须加上戒命与慧命。戒命者，为保净戒，而无限延续净命；慧命者，守持正法精进不懈，得以令正慧延续不断。依清净之戒行与正慧，能得永久之寿命。人类亦然，戒命，即规律之生活；慧命，即朝着一定目标精进不懈之生活。若能守持此二者，则能令肉体之生命延长。长寿之秘诀，于此亦不难得知。即使肉体死亡，精神亦能不灭。如光明灿烂，照耀众生与世界。于胜莲华世界贤首佛之国土，能享受寿命无限之乐，因此，有普贤菩萨等诸大菩萨充满其中。

安乐之世界，欲令其持续不断，乃人类之愿望。娑婆世界，无安乐可言，且有众多痛苦。于此痛苦众多之世界生存，唯有忍耐，除此之外，并无他法。"忍耐"之时间，会觉得特别长，暗夜亦不易开朗。且在忍苦之世界中，若不能确信光明、安乐世界之存在，则将更难以忍受。自长夜受苦之娑婆世界，转入安乐世界阿弥陀佛之国土，实则仅在一瞬之间。若能慎思此理，则能自苦难之中脱出。

拥有与贤首佛、贤首菩萨同样名号之贤首大师法藏，晚年曾受命至扶风法门寺迎请舍利至洛阳。法藏十六岁时于此燃指供养，于华严之旨特别嘱意，晚年时，重至法门寺迎请舍利，其心中之无限感慨，不难测知。

法门寺之舍利，据传为佛陀之真身舍利，为佛陀长远寿命之表征。能礼拜佛陀之真身舍利，其感激之情难以言喻。数十年始奉迎一次之舍利，能呈现于眼前，实为难遭遇,一生之中,若能值遇一次,亦足为庆幸。

《华严经》之《寿命品》,玄奘三藏译为《显无边佛土功德经》,收于《大正藏》第十卷。法藏阅过玄奘所译之经,曾谓:"玄奘法师别翻一卷,名《显无边佛土经》,是此品也。"(《探玄记》卷十五)

17　文殊菩萨之圣地
——菩萨住处品

五台山大华严寺

中国山西省五台山台怀镇之前街，有条名"杨林街"者，陈列着各式各样纪念品、土产等物，通过此街，即可见到显通寺之钟楼。越过钟楼即到显通寺山门。门柱上之对联：冥真体于万化之域，显德相于重玄之门。乍见此联，即忆起华严宗第四祖清凉大师澄观（公元七三八——八三九年），于《华严经疏》序文中即有相同之文。澄观之文被写于大显通寺之山门，足见此寺与澄观当有甚深因缘。

踏进显通寺总门，即进到松木林立之广场。显通寺系由七殿堂组成，自南至北一列并排，首先为观音殿，其次大文殊殿、大雄宝殿、无量殿、千钵文殊殿、铜殿，最后为高殿。

供奉文殊菩萨者为大文殊殿,其殿内供奉大小文殊菩萨之塑像七尊。中尊为大智文殊,西台为师子文殊,南台为智慧文殊,中台为儒童文殊,北台为无垢文殊,东台为聪明文殊,背后为甘露文殊。

"无量殿"系以《华严经》为主,又称七处八会殿,殿内供奉《华严经》教主毗卢遮那佛。

铜殿之前有铜塔,曾仿五台而列有五塔,现仅存东台塔、西台塔二塔,皆有十三层塔身为基台。铜塔之东有妙峰祖师殿,据云殿内曾供奉华严宗第四祖清凉大师澄观之肖像。

显通寺,为五台山既古且大之寺院。据传为后汉时明帝所造之大孚灵鹫寺为最早,事实上,或为北魏孝文帝时所建立之寺院。

大孚灵鹫寺之"孚",为"信"之意,帝王信奉佛教,所建造之寺院亦因而称为大孚;灵鹫者,以其山形类似印度灵鹫山(即耆阇崛山 Gṛdhrakuṭa,位于王舍城东北,因释迦佛于此说法而驰名),故有此名。因大孚灵鹫寺前有大花园,故此寺又名为大花园寺。则天武后时,译出《八十华严经》,因经文中云文殊菩萨住于清凉山,故此寺又改称为大华严寺(澄观《华严经随疏演义钞》卷七十六)。或云澄观于大孚灵鹫寺著述《华严经疏》,

故奉敕改为大华严寺（《广清凉传》卷上）。总之，昔时之大孚灵鹫寺，今之显通寺，于唐时，曾因《华严经》之因缘而称为"大华严寺"，乃为属实之事。

五台山之华严行者——澄观

澄观于大历十一年（公元七七六年）登五台山，巡礼五台，参访文殊之灵迹，并获得灵瑞，得以礼拜文殊菩萨之真容。然澄观并不以礼拜文殊菩萨之真容为满足，尚欲礼拜普贤菩萨。因文殊表"智"、普贤表"理"，智理不二之当体即"毗卢遮那"。知悉此义之澄观，于是下五台山，朝向普贤菩萨之圣地——四川省峨眉山而去，其目的即在礼拜普贤菩萨。于峨眉山，现今亦可见到佛光或佛灯。于当时，欲登峨眉山，实为艰难之事。攀登峻险之山道或急坂，最后，终于礼拜了普贤菩萨之圣容，澄观亦因此豁然大悟。此乃文殊、普贤、毗卢遮那三圣彻底圆融所得之悟。是后，澄观曾著《三圣圆融观》，想即得自此时之体验。虽不能洞悉其缘由，但自峨眉山佛教文化圈内如安岳县、大足县之华严洞中，散布为数甚多之华严三圣像，或可推断乃与澄观之"三圣圆融观"思想多少有所关联。（镰田《中国·重龙山石窟上安岳石窟》，刊于《大法轮》五七卷二号）

至峨眉山礼拜过普贤菩萨之澄观，随即又返回山西五台山，住于大华严寺。寺主贤林和尚曾邀请澄观讲《华严经》。澄观经思考后，认为法藏之《华严经探玄记》文章繁杂，而文义又嫌简约。曾经合文殊、普贤二圣为毗卢遮那而有所悟之澄观，认为若不重新注释《华严经》，以弘通其真义，将愧对二圣。

于是，澄观决心重注《华严经》。是夜，梦见一金人，立于向阳处朝澄观招手；澄观应之前往，遂被金人所吞。梦醒后，全身汗流浃背。澄观略加思考，认为金人乃"光明"之意义，自身为光明所吞，即自身亦成为光明，或此即自身亦能遍照之意。因此，澄观认为此乃自己注释《华严经》，然后弘扬其教法，以遍照一切之意。

因此，澄观于大华严寺开始执笔撰述《华严经疏》，此为兴元元年（公元七八四年）正月。严冬之五台山，冷时温度曾下降至零下十五度或零下二十度。大华严寺虽被风雪侵袭，但澄观却仍日日执笔不断。终于经过了四年之岁月，至贞元三年（公元七八七年）十二月完成。大华严寺特举办千僧供养以祝其完稿，此即现存之《华严经疏》六十卷。

完成《华严经疏》后，澄观复做一梦，梦见自身变成龙，其首攀于南台之山峰上，龙尾挂于山北，于晴空下鳞片灿然发光，瞬间，龙身一动，化出千条小龙，跳跃于碧空，而后分散消失。澄观悟知此梦乃明示必须将华严之教法分散流布。于是，翌年正月，应贤林和尚之请，开讲新著之《华严经疏》(《宋高僧传》卷五,《五台山清凉寺澄观传》)。今之显通寺即澄观开讲《华严经》之道场。

清凉山之文殊菩萨——菩萨住处品第二十七

第六他化自在天会自十一品开始，前述《寿命品》第二十六之后，即《菩萨住处品》第二十七。《菩萨住处品》，乃继《寿命品》以时间叙述佛德之后，"约空间说明菩萨之化用"，即以空间说明菩萨之活动。

《菩萨住处品》中，由心王菩萨述说有关菩萨之住处。首先，东方有菩萨之住处——名为仙人起山，由金刚胜菩萨率三百菩萨眷属居住，并常时说法。以下，依顺序举出菩萨之说法场所及菩萨之名称、眷属数，如：

南方——胜楼阁山——法慧菩萨——五百眷属

西方——金刚焰山——无畏师子行菩萨——三百眷属

北方——香聚山——香象菩萨——三千眷属

如此，各举出东西南北方之山名，并叙述诸菩萨说法之情况。其次，经文又云："东北方有菩萨住处，名清凉山，过去诸菩萨常于中住。彼现有菩萨，名文殊师利，有一万菩萨眷属，常为说法。"

如上所述，或许撰写《华严经·菩萨住处品》者，以印度为中心，列出实际之山名，或传说中之山名，并列出诸菩萨名，各住于山中，如此思考而撰此《菩萨住处品》；而并非具体地指示出某处现实之山，何况更不可能以远离印度，位于中国之五台山列入思考之内。

然而，《菩萨住处品》中之一文，即谓"东北方有清凉山，住有文殊菩萨，常为一万眷属说法"，此种说法给予中国佛教徒强烈之冲击。则天武后时，华严宗之大成者——贤首大师法藏，于其撰述之《华严经探玄记》卷十五中，有云："清凉山则是代州五台山是也，于中现有古清凉寺，以冬夏积雪故以为名。此山及文殊灵应等，有传记三卷。"（大正三十五·页三九一上）

法藏时已认为《华严经》之清凉山，即五台山。此山中，现有凉寺，所以名为清凉山者，乃因冬夏山顶皆积雪之故。此外，法藏之《华严经传记》卷四中，更列有曾于五台山拜见文殊菩萨之解脱与明曜二人之传记。解脱出身于五台县，曾师事山西省介山抱腹岩之慧超习禅，后归五台山，于西南山麓建佛光精舍（现今之佛光寺）。依《华严经》修佛光观之解脱，曾至位于中台东南、花园北方之大孚灵鹫寺（大华严寺），再三拜见文殊菩萨。法藏因解脱、明曜二人得见文殊菩萨，颇受感动，于是于《华严经传记》中加以记载。

清凉山即五台山

《华严经》之《菩萨住处品》中所说之清凉山即中国五台山之说，并非始自华严宗法藏所说。四分律宗之大成者，初唐时之道宣（公元五九六——六六七年），于其所撰之《集神州三宝感通录》卷下（大正五十二·页四二四下），有如下之语："代州东南五台山，古称神仙之宅也。山方三百里，极巉岩崇峻，有五高台，上不生草木，松柏茂林，森于谷底。其山极寒，南号清凉山，亦立清凉府。经中明文殊将五百仙人往清凉雪山，即斯地也。所以古来求道之士，多游此山。"

道宣活跃于七世纪中叶，其时即传说《华严经》之清凉山即山西省之五台山。道宣之记述颇为正确，五台之顶不生草木，松柏繁茂于谷底，五台山之状况，至今仍如此。

又据道宣之记述，中台有北魏时孝文帝所立之千余小石塔；中台顶上有大泉称为"太华池"。今之中台顶上虽无大泉，但却有小泉到处涌出，夏季时，绮丽之高山植物开满无数小花。

道宣与法藏已明言五台山即清凉山，受其影响之澄观，于注释《菩萨住处品》时，有如下之言："清凉山即代州雁门郡五台山也。于中现有清凉寺，岁积坚冰，夏仍飞雪，曾无炎暑，故曰清凉。五峰耸出，顶无林木，有如垒土之台，故曰五台。"（大正三十五·页八五九下）

如此，夏季亦降雪，因无炎暑，故称为清凉山。澄观更云经文中"东北方"者，乃暧昧之表现方式。于是，引用唐菩提流志所译《文殊师利宝藏陀罗尼经》，有下列经文："我灭度后，于赡部洲东北方，有国名大振那，其国中间有山，号为五顶，文殊师利童子行居住。"

据此经文，则谓印度之东北有振那国（中国），其国有山名五顶（五台）。据此经文之叙述，而知《华严经》所言之清凉山即中国之五台山。

澄观于《华严经疏》第四十七卷（大正三十五·页八五九下）又云："余幼寻兹典，每至斯文，皆掩卷长叹，遂不远万里，委命栖托圣境，相诱十载于兹。"

即谓澄观读《华严经》，至《菩萨住处品》之此段经文时，深受感动，遂不远万里深入五台山，且长达十年之久。于五台山大华严寺，或曾留有澄观所述之感慨耶！

安阳之灵泉寺石窟

此外,《菩萨住处品》中,有关"中国"者,尚有如下之记述:真旦国土有菩萨住处,名那罗延山,过去诸菩萨常于中住。

据此可知,中国有所谓"那罗延山",为菩萨之住处。澄观认为那罗延山者,或指坚牢山,即青州之牢山,或指五台山南台之那罗延窟。《广清凉传》卷上谓,东台之十一灵迹中,有那罗延窟。

那罗延窟之那罗延,即 Narayana 之音译,为印度教毗湿奴神之别名,佛教则指金刚力士。

五台山之那罗延窟之外,河南省安阳灵泉寺之大住圣石窟,又称为那罗延窟。灵泉寺位于河南省安阳市西南三十公里太行山脉之支脉,宝山之东麓。大住圣窟开凿于隋开皇九年(公元五八九年),为灵泉寺石窟群中最殊胜者。此窟位于灵泉寺西端五百公尺之宝山南麓之石灰岩断崖上,面南雕塑而成。门外两侧之石壁上,雕有浅龛,其中有巨大之护法神王立像之浮雕,对面右侧为那罗延神王,左侧为迦毗罗神王。门外两侧之石壁上,刻有《法华经》《大集经》《摩诃摩耶经》等经文。

石窟内部之东西北三壁,雕有巨大拱形之佛龛,北壁为卢舍那佛龛，东壁为弥勒佛龛，西壁为阿弥陀佛龛。北壁卢舍那佛龛之中心，有高一点零二米之卢舍那佛，结跏趺坐；左右有菩萨立像。此大住圣窟即被称为宝山之那罗延窟，再从那罗延神王之浮雕亦不难知悉。

宝山之那罗延窟

灵泉寺之大住圣窟，即那罗延窟，如上述于隋开皇九年（公元五八九年）由灵裕开凿。灵裕之传记，于《续高僧传》卷九有之，为被尊称为"裕菩萨"之高僧。隋文帝及皇后均曾依之受菩萨戒，并奉诏任国统。传记中有云：于宝山造石龛一所，名为金刚性力住持那罗延窟。面别镌法灭之相。

据此亦可得知于宝山营造名为"那罗延窟"之石窟。那罗延窟之取名，可知系来自《大集经·月藏分——建立塔寺品》及《华严经》之《菩萨住处品》。

因忧虑末法之到来以及法灭之灵裕，著有《灭法记》一书，由此可知其对末法之强烈自觉。那罗延窟营造于公元五八九年，于十五年前（公元五七四年），曾有北周武帝断行废佛、烧却经典、毁坏佛像、勒令僧侣还俗；有不还俗者，皆遭诛杀；寺院充作贵族邸宅。时，还俗者有三百万人，被没收之寺院有四万所。

亲自体验废佛事件之灵裕，乃决意必须令教法永存。于是，将经典刻于坚固之岩壁上，这是后宝山那罗延窟之营造。继灵裕之刻经事业，隋代时，有静琬于大业年间（公元六〇五——六一七年），发愿于北郊外房山刻一切经，此即闻名遐迩之房山石经。

立十愿

《华严经》之《菩萨住处品》，经文简短，以印度为中心，记述诸菩萨所住之山名或场所，其中，提及文殊菩萨住于清凉山，及有关真旦国（中国）那罗延山等纪事，因而更加叙述中国之五台山及灵泉寺石窟之那罗延窟。然而，澄观对《菩萨住处品》之属意，却较谁都重视。澄观于注释《菩萨住处品》时，曾详细记载自身所住之五台山，即清凉山之情况。由此可知，澄观对清凉山，即五台山执情之深。

澄观生平曾立有十愿。其中有：

一、长止方丈，但三衣钵，不蓄长；

二、当代名利弃之如遗；

三、目不视女人。

曾任七帝国师之澄观，不自求名利，更"目不视女人"，一心只求拜见五台山之文殊菩萨，虽入山，却不曾目视女人。至五台山，双目所视者，为清澄之长空、绮丽之高山植物、满开之小花，以及为积雪所覆之洁白山峰，此外，即《华严经》之文字。为注释经文，曾不停地跃动精神，终于凝结成《华严经疏》六十卷。

七、长讲华严大经；

八、一生昼夜不卧。

此二愿亦非常人所能行，澄观讲《华严经》，可说身心以赴，终生不卧睡，仅坐息而已。澄观世寿达一百〇二岁，如此高龄，或即生涯依愿修行之累积。（《宋高僧传》卷五《澄观传》）

高龄百二岁，此亦非普通人所能及，若以现代情况而论，或约为一百五十岁。在如此长寿之生涯中，开讲《华严经》，实乃倾注全部身心性命。目不视女人、感得五台山之灵气而长寿达百二岁之澄观，堪称为五台山之华严行者。

《华严经》之《菩萨住处品》，经文虽短，但以其经文为主而有东亚佛教圣地五台山产生，实为极不可思议之因缘。现今，文殊菩萨之圣地——五台山，仍屹然长存。

18 如来之光明

——佛不思议法品、如来相海品、佛小相光明功德品

安阳修定寺塔与慧藏

河南省北部靠近河北省地方，有安阳市。流经安阳市北方之洹河上游，有灵泉寺石窟，而县城西北三十五公里处，有太行山脉之支脉，海拔六百零九点六米高之清凉山，于清凉山南麓，建有修定寺。安阳县之西面，为东魏、北齐、隋唐时代之佛教圣地。修定寺南方五十公里处，有灵泉寺石窟及小南海石窟；北方三十三公里处为有名之南北响堂山石窟，古来为高僧辈出之地。

北齐时，修定寺有一大和尚，即大统法上。于法上之传记中，有如下一段记载：所得施利，造一山寺，本名合水，即邺之西山，今所谓修定寺是也。山之极顶，造弥勒堂，众所庄严，备殚华丽。四事供养，百五十僧。

（《续高僧传》卷八《法上传》）

　　法上集众人之布施，建造合水寺。其寺于隋唐时称为修定寺。山顶建有华丽之弥勒堂，有僧众百五十人住此。修定寺之建筑物，早已不存，迄今仅有建于唐代之修定寺塔仍屹立于山麓，塔之四壁，殊胜之雕刻仍清晰可辨。(《安阳修定寺塔》，文物出版社，一九八三年五月刊)

　　合水寺者，乃北齐时，统领僧尼二百余万众之大统法上，集众人之力所造。北齐之众高僧，想必于巡礼灵泉寺时顺道拜访合水寺。"合水"之名称，乃因流自清凉山之二条小溪合并为一而得名，清凉山合水寺堪称北齐都城邺都西面之大寺院，法上于公元五八〇年寂于合水寺。

　　法上活跃于北齐武成帝（公元五六二——五六五年在位）时，有一华严行者，名为慧藏，曾应武成帝之召请，于都城太极殿开讲《华严经》。时，僧侣及贵族信士等云集，众皆称赞此盛会为"大观之盛"（《续高僧传》卷九《慧藏传》）。《华严经》法会之盛大不难测知。

　　慧藏出生于河北省赵县。于赵县有建于后汉之柏林寺，今虽仅存宝塔，于隋唐时，被称为"观音院"，系一名刹。或许慧藏幼年时，曾多次参访柏林寺。

　　慧藏十一岁出家，学《涅槃经》与律典，后更探研

《十地经》《华严经》。众人皆惊叹其博学,遂仰之为师。然慧藏却不以自身所学之佛学已能究其深奥,更不以"理解"感到满足。

四十岁时,决心隐栖于鹊山(河北省内丘县)修行。鹊山者,因山顶有似鹊形之石而得名。慧藏入鹊山后,即行断食五谷。食以树上果实,渴饮溪流泉水,致力于内心之澄净。虽多研各种经典,但慧藏却认为应以《华严经》为根本所依。

慧藏虽穷究《华严经》之奥旨,却以不知所悟是否正确而深感不安。于是,想求佛陀之灵感以决邪正是非。夜晚,鹊山之山岚灵气充盈于四周,忽然,慧藏闻空中有声,言"是!是!"即告知慧藏对《华严经》之理解与所悟正确无误。得此告知之慧藏,于是决定注释《华严经》。

慧藏之注释,颇受欢迎,因其能掌握《华严经》之心髓所致。如前所述,曾受武成帝之召请,于太极殿开讲《华严经》。

北周废佛时,曾隐居一时;至隋文帝复兴佛教时,方再受邀至京,为六大德之一。大业元年(公元六〇五年)十一月二十九日,寂于长安空观寺,时年八十四岁。

慧藏曾遗言,将遗骸散置山野。弟子们依其遗言,将遗骸置于山林之下,上覆以土,并于上面建塔供养,其塔即位于长安南郊终南山至相寺之前峰。至相寺为终南山系华严之根本道场。

慧藏并非于终南山受华严学，而系于河北省南部一味地研究诸经典，并于鹊山悟得《华严经》之奥旨，可谓乃无师自悟者。或系即于鹊山承受其灵气，而后得悟内心之玄奥。然"以华严为本宗"之慧藏，终被指认为继承终南山系华严法统之第一人。

灵妙之佛德——佛不思议法品

第六他化自在天会中，自《十明品》至《菩萨住处品》之五品，古来即谓系说明胜进之行用，而其次之《佛不思议法品》《如来相海品》《佛小相光明功德品》三品，则为示差别之果。

《佛不思议法品》，先说有自四方聚集而来之诸菩萨，思惟诸佛之国土、净愿、种姓、出世、法身、音声、智慧、神力自在、无碍住、解脱十种皆为不可思议，由此开始进入本品。

世尊悉知诸菩萨之所思，即与青莲华菩萨佛之神力、智慧与辩舌。承受佛神力之青莲华菩萨，向莲华藏菩萨明示佛之十种果德。有关佛之果德，将之分为三十二门，而详加叙述，即此《佛不思议法品》。此品中，曾反复说明佛之十种法界无量无边、十种无尽智、十种未曾失时、十种不可思议境界、十种出生住持智慧、十种无量内法等三十二种佛之果德。

例如，一切诸佛有十种住法如下：（大正九·页五九七下）

一、一切诸佛悉住觉一切法界；
二、一切诸佛悉住大悲；
三、一切诸佛悉住本愿；
四、一切诸佛悉住不舍教化众生；
五、一切诸佛悉住无所依法；
六、一切诸佛悉住无虚妄法；
七、一切诸佛悉住念无失法；
八、一切诸佛悉住念无障碍心；
九、一切诸佛悉住定心，未曾散乱；
十、一切诸佛悉住一切诸法平等不坏实际。

以上即为诸佛之十种住。住者，不退转，即持续其状态，决不退降。诸佛能自觉于一切法界，为必然之事，又能实践大悲、不退本愿、不舍教化众生，此乃诸佛果德之一。

诸佛住于无所依。无所依者，即无所依恃之意。普通一般人皆有所依，方能生存，如夫妇、父子、财产、地位等，若一旦失去所依恃，则失去支拄自身之力。无所依者，换言之，即如临济禅所常言及之"自由"。自由者，即由自己之意愿。佛为自由者，临济亦为自由者。若欲得无所依，或得自由之境地，须有相当之修持。慧藏于鹊山，木食而住，其事为何？乃为依无所依而住之故。若能无所依，则遗体散置山野，任鸟兽啖食，亦无所挂碍。

住于无所依之诸佛，又能住于无虚妄，即使一念，亦无过失，心无障碍；既去障碍，则无执着，常住于禅定心，心无散乱，如此，则能住于确固不动之真实心中。

其次，说明大力那罗延幢佛所住之教法。安阳修定寺之南有宝山，于此宝山开凿金刚性力住持那罗延窟者，即灵裕。灵裕因忧惧佛法灭亡，故于此处开凿那罗延窟。《佛不思议法品》中，有"犹如金刚，不可破坏"之语，那罗延窟，为示如金刚之不坏，故名为"金刚性力住持"。

继十种大力那罗延幢佛所住之法后，接着又说明十种定法、十种果法、十种清净法、十种一切智住、十种三昧、十种无碍解脱，如此方结束《佛不思议法品》。此品经文即在说明佛之果德不可思议。

如来有大人相——如来相海品

其次为《如来相海品》，普贤菩萨举出佛身所具之九十四种妙相,说明佛殊胜之果德。以"如来有大人相",将其殊胜之相,分九十四种加以说明。《如来相海品》自普贤菩萨"当为汝说如来相海"开始。

首先,说明如来之顶相有三十相,经文云:"如来顶上有大人相,名曰明净,三十二宝以为庄严,普放无量大光明网,遍照一切十方世界。"

其说明顺序:第一,举出大人相之名称,说明其皆为明净;第二,有关诸相之庄严,以三十二种宝庄严之;第三,有关相光之作用,则说如放无量大光明网;第四,有关相光之效果,则能普照十方世界。

依此说明方式,逐一说如来顶相之三十相。因三十相之内容大同小异,且反复不断说明,故若缺乏毅力,则实无法深入品味;而能如此反复说明"如来有大人相",其所具之毅力亦非泛泛。若于如来不具深切之信仰,或无恳挚之热忱,则当无法如此说明。《如来相海品》者,系说明如来之相,如大海之广阔,亦如大海之深邃。

说毕如来之顶相,接着说明眉相、眼相、鼻相、舌相。有关舌相,有如下之说:

如来有大人相,名顺法界云,舌端妙相,金色净宝以为庄严,出生无量金色光明,普照一切诸如来海,大师子吼震妙音声,悉皆遍至一切世界,一切众生无不闻者。

　　如来之舌端，饰以金色净宝，出金色光明，如师子吼般出大音声，如此，不论多远皆可闻悉其声，即不论任何众生，皆能听闻如来之音声。以"华严"为本宗，为探究华严之奥秘，而以身心投入于鹊山山中之慧藏，为求证自己之见解是否正确，而祈求于如来。是夜，遂得灵感，即闻空中有声音，言汝之理解正确，此实即如来之音声。

　　于鹊山之深山中，若进入禅定，或即能听闻如来之音声。以《华严经》为本来之教法，而日夜读诵经文，全身投入，形同《华严经》之化身，身心亦如为《华严经》之精灵所化。研读众多大乘经典，而以《华严经》为身心依据根源之慧藏，因而能听闻如来之音声。

　　如来之音声，系超越时空，如大师子吼。于进入鹊山前之慧藏，并未曾听闻过，亦即嘹亮之如来音声，在此之前，未曾到达慧藏之耳。经文中虽有"一切众生无不闻者"之语，但若未具备听闻之耳，则无法听闻，以前之慧藏亦如此。然而，自诵持《华严经》后，身心奉持，实际体验，因此能清晰听闻。于鹊山之草庵中，或岩石上，端坐身心，凝然不动，故慧藏之心耳能确实听闻如来之音声。

　　《如来相海品》于说毕如来之舌相后，更说如来之龈腭相、大牙相、齿相、肩相、胸相、胁相、腹相、下分相、手相、马藏相、胫相、毛端相、足相等。最后之足相，更分十三相说明。此即《华严经》对如来三十二殊胜相之详细解说。如有关如来之毛端，经文云："如来有大人相，名毛端，内现一切佛刹，于一毛孔，悉放一切宝光明藏，普照十方一切法界，于一毛孔，示现一切如来自在诸佛界云。"

自一毛孔中放出光明，遍照十方世界，并自一毛孔中映现如来之自在与诸佛界云，此并非单纯说明如来之三十二相。乃依华严之思想——"一即一切、一切即一"，而细说之。此即以"华严"之立场叙述各种事相。经文中所述之事物及各种现象，虽于其他经典中亦可见及，但于《华严经》中，却有不同的、殊胜的解释方法，即华严特有之说明方式，此亦即《华严经》异于其他经典之特异处。

《如来相海品》之最后，其结文云："佛子！于佛身中，有如是等十莲华藏世界海微尘数佛大人相，于诸支节种种妙宝以为庄严。"

即谓如来之佛身中，有无限、无数之大人相，且佛身之各部位，皆以无数妙宝作为庄严。如此以超人之智慧所描述者，即《如来相海品》之如来相。

广大之佛国土——佛小相光明功德品

其次,《佛小相光明功德品》第三十,乃说明以如来之光明所照,能灭除五欲之一切烦恼。如来之光明,有诸种功能,经云:普照十世界微尘数刹,遍照彼处地狱众生,灭除苦痛,令彼众生十种眼耳鼻舌身意诸根行业,皆悉清净。

如来之光明,能遍及地狱之众生,令地狱中受苦之众生,六根悉皆清净。众生见如来光明,生大欢喜,命终后得生兜率天。

转生天上之众生,即为天子。天子之耳,能闻如来之音声。如来之音声对天子言:"诸天子!犹如汝等昔在地狱,不从十方来处,但以颠倒愚痴缠故,得地狱身,本无来处。"

接着又为天子说道:"莫着五欲,障诸善根。"

经文又云:"诸天子!五欲缠心,修念佛三昧,皆悉除灭。是故诸天子!当知报恩,一向敬念卢舍那菩萨。"

如何方能去除五欲之烦恼?勤修念佛三昧即可。念佛三昧者,即一心忆念如来。自地狱获救而得生天上为天子,不能或忘此恩,故须一心敬念卢舍那菩萨。卢舍那菩萨者,即光明是也。蒙光明之恩而出离地狱,欲报其恩，故礼拜光明化身之卢舍那菩萨。诸天子并非实际上能礼拜卢舍那菩萨之相，但却能听闻其音声。如经云："一切诸佛亦复如是，随应度者，皆悉得见。"

即诸佛乃随顺应度者，而示现其身相。佛之相本不可见，佛之音声亦不可闻，然而，若具救度、觉悟、解脱之宏愿，则能见佛身相、闻佛音声。慧藏于鹊山中，得闻佛之音声当亦如是。如：如我天声，十方世界随所应化，皆悉得闻。

于兜率天之天子，得大欢喜与安心。故自毛孔中化作无数妙华香云，供养卢舍那佛。香华一散，即自一一香华中悉见如来；蒙受香云之香者，则身心皆舒畅。若众生得闻是香，则能除灭罪障。罪障者，即五百烦恼，或无数烦恼。即谓若闻是香，能除灭无数之烦恼。

《佛小相光明功德品》之最后，说明佛国土之广大，为明其广大，而以喻说之，菩萨于左手握有无数微尘，经过无数世界向东行去，于无数世界中，一一各下一尘，如此，至手中微尘下完为止。菩萨悉知手中之微尘数，亦知无量世界之数。如此，集无量之世界，即为佛国土。

世尊问宝手菩萨道："于意云何？如是佛刹广大，可思议不？"

宝手菩萨答道："世尊！如是佛刹，无量无边，不可思议。世尊！奇哉！奇哉！若闻是喻，此人难得，闻而信者，亦复难得。"

　　即谓如此譬喻，难有听闻者，亦难有闻而能信者。世尊又对宝手菩萨说道："若有善男子善女人，闻而信者，我授彼记，速成阿耨多罗三藐三菩提，得一切种智。"

　　上面所述之譬喻，为印度极为殊胜之思惟方法。《华严经》，乃自无限之时间、无限之空间，直言生存于今时、此地之人类真相。即于大宇宙之广阔空间，及自地球成立以来之无限时间中，或人类相续之业，即无可计数之时间中，说明所有一切事物之相。以其无限之时空，假名为毗卢舍那佛，此即光明；具体地说，乃太阳之光。于阅读《华严经》之际，越是深入，越讶异于人类所为之渺小，不自觉地对着毗卢舍那佛合掌低头，沉思敬慕。

19　普贤之行愿
——普贤菩萨行品

北山石窟之普贤菩萨

　　四川省大足县因石窟聚集，故有"石窟之乡"之称。大足一带之摩崖造像，据传有数万尊之多，故亦可称为"佛陀之乡"。闻名之石窟有宝顶山石窟、北山石窟，此外如妙高山、石篆山、石门山、南山等众多石窟亦颇负盛名。

　　自晚唐历宋代，陆续塑造佛像之大足石窟，与散在于大黄河流域之炳灵寺、麦积山、云岗、龙门等石窟之造像，颇多相异之处。例如密教造像、水月观音、千手观音、华严三圣像等。特别是以毗卢舍那佛为主尊，配以普贤、文殊二菩萨之华严三圣像为数甚多，若谓其"故乡"，则四川省之石窟群即是。

大足县之北山石窟第一三六号窟，为北山最大之石窟，称为"心神车窟"。此窟内面之壁，中间为释迦佛像，其两胁及左右之壁，并列有文殊、普贤等二十余尊菩萨像，浑然一体之造像形式中，却充分显示各自之造像性格。左壁为文殊菩萨像，系男性化之菩萨造型，充满知性之端正像，静坐于咆哮之狮子背上。其对面，右壁为普贤菩萨，为具足东方女性健美型之女性菩萨像，容貌秀丽丰润，口角呈微笑状，双目垂视，亲切和蔼之表情中，丝毫不失其威严。垂视之双眼，似乎俯瞰着大千世界，令见者有慈悲、智慧具足之感。菩萨端坐于大象背上，大象两眼圆睁，眉毛上挑，呈精悍之姿态，与娴静之普贤菩萨对照，恰为豪迈之相状。

普贤菩萨之"普贤"，据《探玄记》（卷十六）谓："德周法界曰普，用顺成善称贤。"普贤菩萨之行，称为普贤行，于修普贤行之众人中，如樊玄智、杜顺、普济等，皆为华严行者。

普贤行与灵梦——普济与辨才

华严宗之初祖杜顺，为修普贤行闻名者，其时，被称为华严行者之人，多数为普贤行之修持者。如终南山之普济（《续高僧传》卷二十七）亦为其中之一人。普济出家后，师事普圆禅师。普圆常巡行于名山大川间，为头陀行者，却不绝于读诵《华严经》。

普济依止普圆禅师后，亦常习头陀行。因此，常独自栖止于林野中，而不住宿于一般人家。于荒郊野地坐禅，除止于山谷外，亦无回避虎豹之处所。虽随缘随处游化，然不论行至何处，皆不忘于读诵《华严经》。

北周废佛时，凡剃发着僧衣者，皆遭诛杀。故普济乃避居于太白山诸峰上，借草食以延命，渴则饮溪水。太白山者，即横处长安南方之终南山系之山峰。

北周废佛后，隋文帝再兴佛法，普济乃下山。唯普济立志舍身供养，修普贤行，愿生贤首国。于得知佛法复兴后，普济舍身之意愿更为坚定。于大众追随下，普济独上终南山，立身于岩谷西端之断崖上，口中称念"四弘誓愿"后，遂投身谷底。众人见状，乃群聚岩谷，并于谷上之高峰，建一白塔，以为凭吊普济之灵。普济之传记，于法藏编集之《华严经传记》卷四中。

《华严经传记》于叙述普济之事迹后，即为辨才之传记。辨才亦与普贤菩萨因缘深远，唯其家系不明，幼少出家，师事灵裕法师（公元五一八——六〇五年）。灵裕者，即地论宗南道派之大家，曾于河南省安阳灵泉寺开创大住圣窟。（镰田氏《中国佛教史》卷四·页三七七）

辨才依灵裕学习华严教义，深信《华严经》为最高至极之经典，虽一味修学，却不能深究其奥义，知悉自己为烦恼所障，为污浊所缠，遂决意先行忏悔，于是，洗净身心，造一香函，内装《华严经》本，顶戴于头上，如此绕行，达三年之久。终于，于梦中见到普贤菩萨现身，并承授予经中深奥之一文。于转瞬之间，随即读诵普贤菩萨所授之一文，且自始至终，如明镜辉映般，理解透彻。

辨才深受感动，遂更精励努力，终于通达《华严经》之教法，亦能示道于人。然而，辨才究竟如何临终，却无人知悉；或谓，如普济般，不为人所知，独自投身舍命于终南山山谷。

嗔心——恶中之恶

《华严经》自《名号品》第三至《小相品》第三十为止之二十八品，系明修生因果（差别因果）；而《普贤菩萨行品》第三十一与《宝王如来性起品》第三十二之二品，则明修显因果（平等因果）。

《普贤菩萨行品》，可谓即普贤行之解明。《探玄记》卷十六中，出十种普贤行，即：

一、达时劫；

二、知世界；

三、识根器；

四、了因果；

五、洞理性；

六、鉴事相；

七、常在定；

八、恒起悲；

九、现神通；

十、常寂灭。

以上十门中，每一门更各具十门，十十一百门，即有百门之普贤行。亦即本品之明"普贤之圆因"，恰相对于其次《性起品》之明"性起果满"。"普贤行"者，即救度一切众生之愿行。普济修此普贤行，而欲生贤首国，故知普贤行为因，得生贤首国为果。

《普贤菩萨行品》，系始于普贤菩萨告一切菩萨之言，即："佛子！菩萨摩诃萨，起一嗔恚心者，一切恶中，无过此恶。"即谓此一念之嗔心，乃诸恶之根源、恶中之恶，其理由为："起嗔恚心，则受百千障碍法门。"

嗔恚心若生起，则有无数障碍随之而生，经文中曾举出不见菩提障、不闻正法障、生不净国障、生恶道障等百千种障，如此诸障皆由一念嗔心生起。既如此，应如何修持？经云："佛子！是故菩萨摩诃萨，欲疾具足菩萨行者，应当修习十种正法。"

以下更举出必修之六十种行门而详加解说。

此处有一问题，即诸恶之根源为一念嗔心之事。法藏于《探玄记》卷十六中，引用《佛说决定毗尼经》（大正十二·页四〇中）之经义，云："菩萨宁起百千贪心，不起一嗔，以违害大悲，莫过此故。"

即言宁可起百千之贪心，亦不生起一念嗔心，因其有损于大悲之故，可知嗔心为最大之恶。《法句经》有云："实语，勿忿，有乞时，虽己物少，与之。由此三事，得往天处。"

即谓：一、说真实话，二、绝对不起嗔心，三、布施予人。若能行此三事，则得生天处。

如上述之普济、辨才等，一味读诵《华严经·普贤菩萨行品》，不嗔者不即为普贤行之根本耶？虽遭废佛之迫害，亦不嗔恚，而彻底行头陀行，以《华严经》普贤行之要义说示于人，最后，则以己身作布施。

一摄一切行——普贤行

知悉一念嗔心能生百千邪障，而如何抑止嗔心不生？经中说须修十种正法，十种正法即：

一、不舍一切众生；

二、于诸菩萨生如来想；

三、常不诽谤一切佛法；

四、于诸佛刹得无尽智；

五、恭敬信乐菩萨所行；

六、不舍虚空法界等菩提之心；

七、分别菩提究竟佛力到于彼岸；

八、修习菩萨一切诸辩；

九、教化众生心无疲厌；

十、于一切世界示现受生而不乐着。

第一为不舍一切众生，即誓愿救度一切众生者，为普贤行第一，而第九亦云教化众生心无疲厌，乃谓普贤行者，不论至何处皆发愿教化众生。

第二之"于诸菩萨生如来想"与第三之"常不诽谤一切佛法"，皆为重要之项目，即念念不离佛想，亦不非难佛法。《续高僧传》普济之传记虽未提起，而于《华严经传记》中之普济传却有如下之逸事：

普济每二日诵《华严经》一部，为必修之日课。其读诵之音声嘹亮，遍传物外。欲达如此境界，并非一蹴即成。曾因心痛难抑，身体衰弱，吐血数斗，因此中止诵读，甚至绝食。历经三日，同道挂虑其身体状况，遂备汤药，供普济饮用。然而，普济却拒绝，道："经中曾言，世间之医者，虽能治病，但却无法根治，即一时虽痊愈，仍有再发之时；而如来治病，却绝对不再复发。

因此，汤药于我亦不重要。"

于是，普济遂沐浴身体，以香华供佛，并礼拜十方诸佛，更朗声读诵《华严经》，终于病状亦不药而痊愈。

普济之举止，乃深信如来之教法，而不依一般医疗法治理身病，其信心、毅力，终致身体恢复。自是以后，普济即二日一遍，读诵《华严经》，且能嘹亮不辍。此实即第七所谓"究竟佛力到于彼岸"。

上述十种正法，依之修持，能令百千邪障蠲除，此即普贤行之出发点。若依此十种正法修持，能得十种清净；因清净离染障，故能得十种正智；得十种正智，则能"巧随顺入"。巧随顺入有十种，其中有：一切众生身悉入一身，于一身出无量诸身。

如此，说"一身一切身，一切身一身"。观世音菩萨能自在应现三十三身，即因巧随顺入之缘故。巧随顺入者，即伶巧随顺，与对方融合无间。若不得无碍之境界，则无法与一切人如此融洽。因内心若存少许障碍，则不能融通随顺。

若能获此十种巧随顺入，则能安住于十种直心。直心者，即能回转自在，趣向于真实。

能安住于直心，则能得十种巧方便法。即依直心而生起巧方便。

说毕十种巧方便法，经文接着道："佛子！是故菩萨摩诃萨,应当一心恭敬,听受是法。"

即劝说须听受此教法。因若能闻此教法,则能依少方便而得最上之悟。依少巧方便力而能得最上之觉悟,实即普贤行之特色。因普贤行必能一摄一切,如以读诵经文之方便功力,得生贤首国。

普贤菩萨之誓愿

其次,以一百二十一颂之颂文说明普贤行。有关普贤菩萨之誓愿,经云:

> 我为世间灯,
> 功德庄严身,
> 具足十力智;
> 一切诸群生,
> 贪恚痴炽然,
> 我当为除灭,
> 无量恶道苦。

此即为普贤之大愿。首先,以自身为照亮世间之灯火,且具足功德与十力智,以神力除灭为贪嗔痴三毒所苦之众生之苦恼。换言之,除去众生之恶道苦,为普贤之大愿,或谓誓愿。经文又云:

> 具普贤净慧，满足普贤愿；
> 菩萨究竟行，深入无等智。

此乃谓能满足普贤之智慧与行愿，则能入最高之智慧。依最高智慧，则能了知：

> 一一微尘中，普现三世法；
> 五趣生死道，皆悉分别知。

一微尘中能映现三世，于其中，悉见地狱、饿鬼、畜生、人间、天五道之轮回相。

于此，并非仅时间性之了解，五道轮回之相状，以空间而言，一切世界之成坏，以及国土之兴废等，亦全能了解。甚至于众生因造恶业而堕于地狱之情况，亦能全然知悉。此外，亦能以一切世界入于一刹土中。经云：

> 普贤真佛子，
> 以不思议智，
> 知难思议刹，
> 了达无边际。

此谓普贤菩萨乃真佛子，能以不思议智，知悉不思议刹土。普济欲求往生之贤首国，或是"不思议之国"之意。以一介凡夫，绝对无法得生贤首国，唯有修习普贤行者,方能得入不思议之国土。

大智与大悲

其次,说明普贤菩萨之大智行与大悲行。首先说明大智行,经云:

> 深解诸世间,如梦如幻化;
> 一切众生界,了达悉如电。

即谓世间如梦如幻,众生生存之世界,亦皆如电。如此,则:

> 众生世界劫,诸佛及佛法,
> 皆悉如幻化,法界无有二。

此处乃谓不论众生、众生生存之世界、时间,以及诸佛、佛法,甚至所有一切,皆如幻化。如此,于观时间为幻、空间为幻、佛为幻、佛之所说为幻时,法界之相,自然了了分明。佛身或法身,皆无具体相状存在,如下列经云:

> 譬如净水中,见影无所有;
> 法身至十方,而亦无所至。

澄净之水中，虽映现影像，但却仅止于影像，并非实际有实体存在。佛之法身遍于十方，却无具体之形象可映于眼前，因法身"虽身而非身"之故；而法身"非常、非无常，示现诸世间"，故能随时示现于众生存在之世间。

如此，具足大智以观世间之普贤菩萨，同时亦以大悲救度众生。

  度无量众生，令至安隐处；
  平等观法界，于彼无所着。

为苦恼与障碍所覆，而欲求解脱之众生，度之而令至安乐世界，正为普贤菩萨之使命。虽如此，于普贤菩萨，却能无所执着。普济亦如此，虽愿生贤首国，但却不执着于往生贤首国，舍身于岩谷，乃以自身为供养而已。

  如是妙方便，深入菩萨行；
  皆为普贤等，如来法化生。

若能具足大智与大悲，实践菩萨行，则一切人皆能相等于普贤菩萨，为如来之法所化生。即谓不论任何人，具足大智与大悲，皆能成为普贤菩萨。普贤菩萨随时存在于一切人之心中，只因吾人不能自觉而已。

普贤菩萨之圣地——四川省峨眉山，若能攀登，礼拜普贤菩萨之圣容，则于灵山之圣地中，当更能悟证自心中之普贤菩萨。

然而，吾等众生，却难于窥见自心奥处之普贤菩萨，因为：

一切众生类，善恶想不同；
或有生天上，有堕诸恶道。

一切众生，或行善或造恶，以至上生天界，或下堕地狱，皆随业因缘流转不息。

众生为虚妄所惑，而轮回于生死中。因虚妄与业障之网所覆，弹不得而挣扎不已者，即为一切凡夫相。普贤菩萨能彻知一切凡夫之业缘，而凡夫之能否得度，可谓决定于自身之能否自觉。辨才于梦中遇见普贤菩萨，而感得《华严经》之奥义，乃因三年之中不断修持"读诵行"之故。读诵经典，须专注一心，深入三昧，方能见效。自身与经文融为一体，盈溢于天地间，且嘹亮之诵经音声响彻于虚空，如此则能感应普贤菩萨化身示现。

20　如来之示现
　　——宝王如来性起品

菩萨之涌出——崇福寺惠招

　　与《华严经》有甚深因缘之寺院之一——长安崇福寺，系则天武后为母亲杨氏祈求冥福所建之寺院，原名太原寺，垂拱三年（公元六八七年）改名魏国寺，公元六九〇年改为崇福寺。

　　则天武后时，印度僧地婆诃罗（Divākara，日照三藏）于崇福寺翻译经典，贤首大师法藏曾从日照三藏听闻不少有关印度佛教学界之情况。崇福寺之住持法藏，曾与律宗之文纲等十数人，自岐州法门寺迎请佛舍利，至崇福寺供养。崇福寺与则天武后因缘颇深，故崇福寺之寺额相传即为武后所书。唐末会昌法难时，崇福寺亦遭破坏，至此未曾再事修复。

崇福寺曾经出现一位大德，即与法藏同学之惠招。幼少时，与法藏同事华严宗二祖智俨为师，专究华严。与来自新罗之留学僧义湘法师亦相识。

惠招于《华严经》中最专注者即《性起品》，因此，曾一味读诵《性起品》，以至于一品三卷之《性起品》，能全部暗记于心。公元六九五年顷，实叉难陀（梵名 Śik-ṣānanda）所译之《华严经》（新译），称为《如来出现品》；惠招亦专读此品内容，可谓惠招以此《性起品》视之如己命般。

惠招移住崇福寺前，曾于终南山之山中进入禅定三昧。每夜，洗净身体后，上香，端坐于绳床上读诵《如来性起品》。有一夜晚，当读诵至半途，忽见十余位菩萨，似乎从地下涌出般，忽然出现于面前，各自端坐于莲花台上，全身金光闪烁，且光明照耀。诸菩萨皆双手合掌，似乎一心专注听闻惠招诵念经文，须臾间，诸菩萨始各自消失不见。

是后，惠招将此灵验事迹告知同学法藏，法藏亦曾转述于门人惠谅、惠云、玄观等。（《华严经感应传》）

于读诵经文时，感菩萨示现，具此不思议之神力者为《如来性起品》。

信心之眼——宝王如来性起品

于《普贤菩萨行品》中，说明了平等之因；今《宝王如来性起品》第三十二，将说明平等之果。若能修持"普贤行"，则能感得如来之出现，如此有关如来之出现，详加解说者，即《宝王如来性起品》。宝王者，即摩尼宝珠，系一珍贵异常之物，故称为宝。因摩尼宝珠能生出各种珍贵之宝，故以此作为譬喻。

贤首大师法藏，说性起有三种：

第一，因性起，人类本具之理性，可因修行而显出，此即性起之起。

第二，行性起，即修行之意。依善知识或经典，承受其教法，以开发本有之理性，而感得佛果，称为起。

第三，果性起，依修行而完成，以清净佛果显现之立场，而说为性起。

即第一系自原因，第二自过程、方法、手段，第三自结果，一一说明性起之义。一言以蔽之，"体性现起"者，即如来之出现。

本品始于如来自眉间之白毫相放大光明。如来之白毫，即性起之象征。如来性起妙德菩萨赞叹如来之正觉后，如来自口中放大光明。时，性起妙德菩萨请问普贤菩萨，佛之大光明系何瑞相？普贤菩萨答道："此瑞相乃为欲说如来性起之正法之象征。"于是，性起妙德菩萨请普贤菩萨代佛说如来性起之正法。

时，普贤菩萨告如来性起妙德菩萨等诸大众言："佛子！如来应供等正觉所以者何？非少因缘，成等正觉，出兴于世；佛子！以十种无量无数百千阿僧祇因缘，成等正觉，出兴于世。"于是举出十种因缘。

如来成等正觉，出现于世，可括为十种因缘，即：

一、发菩提心；

二、长修善根；

三、依慈悲心救护众生；

四、行无量行，不退大愿；

五、积功德；

六、供养诸佛；

七、出生方便智慧；

八、成就诸功德藏；

九、具足智慧；

十、演说诸法真实义。

此即谓一切诸法皆非仅以小因缘而生起，诸如宇宙、地球，皆因各种重大因缘而成立。自有人类以来，首先悟证真理而成就佛果之如来，决非以小因缘而出现世间。

其次，说明如来性起之正法功德无量。分别以如来之身业、语业、意业说明。

如来法身如虚空，无形无色，遍满一切处，如：譬如日出世间，以无量事饶益众生。

如同阳光能祛除暗闇，滋润一切草木、谷物，如来法身放出光明，能遍照一切。

日出先照高山，次照大山，然后照耀大地；然而，太阳自身并未有先照高山、后照大地之分别，只因高山、大地高低不同，故有顺序之先后。其实，于太阳而言，对一切万物并无分别，系平等照耀。与此同理，如来之光明，虽有先照普贤菩萨等诸菩萨，其次依序为缘觉、声闻、善根众生、恶人等不同；然而，如来之光明，却无差别与顺序之分，如来光明普施一切，只因众生之愿望、所求、善根不同，故见如来之光明亦有差别。

其次，说明有名之譬喻——日照生盲喻。

阳光照耀于大地，生盲者却见不到阳光，只因与生俱来盲眼之故。然而，生盲虽不能目睹阳光，但却时时沐浴于阳光之恩惠中，如因阳光而有食物，因阳光而能去寒，因阳光而不感肺病等疾病，因阳光而每日生活安乐。

相同地，如来之智慧光出现于世，无智邪见之人，不能目睹，但却蒙受佛光而能去除一切烦恼苦楚。无智之生盲人何以不能目睹佛光？只因缺乏"信心之眼"之缘故。无信心之眼者，不仅见不着佛之智慧光，亦不能目睹佛之圣容。尽一切身命读诵《性起品》之惠招，所以能目睹菩萨形象，实因具足"信心之眼"之故。

自身本具如来智慧

其次，说明如来之音声。佛之音声本为一，却因听闻者不同而有差异。

譬如水性，皆同一味，
随器异故，味有差别。
水无是念，我作众味。

此谓水之原味本来相同，却因用器不同而味有差别。如以大海碗喝水，与以洁净之茶杯喝水，顿觉水味不同。

昔有"水随方圆之器"之说，即水因所用容器之不同，或四角或圆形，水则成四角形或圆形。

如来之音声亦如水一般，佛对任何人皆以一味之音声说法，却因听闻之众生不同而生出各种差别，此乃因应众生能力差异之故。

其次，说明如来之智慧无量。如来之智慧遍满一切处，只因"众生颠倒，不知如来智"，众生不具正知正见，却执迷惘、谬误之知见，故不能睹见如来广大无边之智慧。

> 如来智慧，无相智慧，
> 无碍智慧，具足在于众生身中；
> 但愚痴众生，
> 颠倒想覆，不知不见，
> 不生信心。

众生身中本来具足如来智慧，却因愚痴所迷，不知如来智慧，不见如来智慧，亦因此不能生长信心。

时，佛以清净天眼，观察一切众生，而说是言：奇哉奇哉，云何如来具足智慧在于身中而不知见？我当教彼众生觉悟圣道，悉令永离妄想颠倒垢缚，具见如来智慧在其身内，与佛无异。

众生本来具足如来智慧，却不自知。于是，佛教示众生，汝等自身皆具有如来智慧，且与佛无有差异。

此处所言众生皆具如来智慧之说，即属《性起品》，于华严学上颇受重视。华严宗第五祖圭峰宗密（公元七八〇——八四一年），出生于四川，入住于长安郊外终南山下之草堂寺，曾尽其生涯弘布《圆觉经》之哲学思想。其所著《原人论》《禅源诸诠集都序》二书中，皆据唐译《八十华严经》之《出现品》，引用"奇哉"以下一文。宗密引用此文，即众生本来具足如来智慧，作为显

示真心即性教之根据，此即性起思想之大成。(参照镰田氏著《禅源诸诠集都序》禅语录九，筑摩书房，公元一九七一年)

惠招读诵《性起品》，至此文时，想当倾注全力，深入其中。自身中具有如来智慧，何其破天荒之思想！惠招于感激之余，全神贯注读诵经文，终于目睹菩萨现身。

如来之境界与说法

其次，说明如来之境界。如：一切众生是如来境界。

此谓即众生即为如来之境界。而如来之智海，恰如大海之水依龙王之心愿而起，如来之智慧亦依大愿力而生起。

一切大海水，皆从龙王心愿所起；如来智海亦复如是，悉从大愿力起。

因救度众生之大愿，而生起广大无量之智慧；若无大愿力，则不生广大智慧。如来之智慧海，无量无边，非凡人所能思议。

其次，说明如来之行，如：如来行亦如是，无量无缚。

如来之行广大无边，远离一切束缚。人类之行则多受限制、束缚，或为何种目的束缚，或为他人、或为金钱束缚，总之，毫无自由可言。而如来之行，自在、无量，如空中飞鸟，历经长时间之飞行，所经过之空间无可限量；此后将再飞行，其欲经之空间亦无可限量，此乃因虚空无限无垠之故，绝无到此为止之说。如来之行恰如虚空之广大，越思惟人类之所行，越觉得如来行之广大。人类以宇宙船飞行太空，虽经千万年，亦无法达其极限，此即"无量"之诠释。

太阳、月亮、地球，于宇宙中周期运转，然而太阳、月亮本身却无"从何所来，去向何处"之感觉。如来利益一切众生，亦无救度众生之想。人类则不然，稍有所行，即自以为是。

其次，说明如来之菩提与如来之转法轮。

> 设一切众生，一时成正觉；
> 若成若未成，菩提无增减。

此即说明不论众生成不成正觉，菩提并未有增减，即与众生之悟否无关。人类之自觉，若欲与佛之自觉相较，则相去太远，丝毫不能成为问题。因人类之自觉毕竟太狭窄，虽谓觉悟，与佛之觉悟之广大、无量，不能相比。

非仅如来之正觉如此，如来之转法轮亦复如此。

> 如来转法轮，三世无不至，
> 所转无所转，求之不可得。
> 譬如诸文字，说之不可尽，
> 十力亦如是，转法轮无尽。

此即谓若以人类之说法相较于如来，则如来说法（转法轮）之时间性、空间性，皆为无量、无限。即使以文字叙述，亦不能说尽如来说法之无量、无尽。

如来之出现

斯里兰卡有巨大岩石雕成之释迦佛涅槃像，中国四川省安岳石窟、大足宝顶山石窟亦可见之。拘尸那揭罗之娑罗树下，释迦佛于此进入涅槃，有关叙述涅槃意义之经典很多，《性起品》亦叙述有关如来之涅槃。

此菩萨摩诃萨，知见如来涅槃无量无边，究竟法界，无所障碍，不生不灭，净如虚空，安住实际，随其所应而示现之，本愿所持，不舍一切众生、一切佛刹、一切诸法。

如来之涅槃不生不灭，且清净无染。《性起品》云："如来涅槃非生灭法。"即不生不灭之意。相对于凡夫之死为生灭法，则如来之死为"不灭"。既如此，如来何故进入涅槃？实为"为化众生，示现涅槃"。此乃"如来肉身虽坏而法身不死"之教示，或"肉身无常"之说。

众生无信心，谓佛入涅槃。

不具信心之众生，以为如来真入涅槃，此乃错误之想法，因彼等不知涅槃乃不生不灭之故。

如此《性起品》之所说，若有听闻者，能生信心、受持、随顺，是人则为真佛子。如经云："此等真佛子，从佛家生……深入一切如来境界。"

于如来之教法能生信心，则为真佛子，能与如来同入一境界。

佛说法至此，十方世界起六种震动，及十八相动。佛雨诸华云，充满虚空。其时，有相等于无量世界之如来，各现其身，皆号为普贤。有无数菩萨，亦名普贤，均于普光明世界普胜如来之所修持梵行。

时，普贤菩萨承佛威神力，回顾诸菩萨，欲重宣如来性起之正法，以偈说道：

> 若有闻此经，欢喜恭敬者，
> 此等已过去，供养无量佛。

此乃言听闻《性起品》后，能生欢喜心，恭敬此经典者，此人自过去世以来，已供养无量诸佛、积聚功德之缘故。

> 当知如此人，诸天常赞叹，
> 一切诸善逝，摄取常守护。

听闻《性起品》而生恭敬心者，常为诸天及一切佛所赞叹、守护。

如上所述，穷尽生涯读诵《性起品》之惠招，承菩萨现身，且蒙菩萨赞叹、守护。

位于终南山之至相寺，常聚集奉持《华严经》之学徒，从事弘宣、研究《华严经》。长安之崇福寺亦然。曾住于崇福寺之惠招，独自至终南山一山峰上结草庵安住，以读诵《性起品》为专行，终于感动山神、诸天，且承菩萨示现。

一度目睹菩萨现身之惠招，更以《性起品》之教示为性命，不论任何人有任何言说，皆以华严经之生命即《性起品》，且确信不渝。

法藏及华严宗第四祖澄观、第五祖宗密等，均颇重视"性起"之思想。新译之《八十华严经》，将此品译为《如来出现品》，似以如来之出现，为"华严经之真髓"。

如来或菩萨之现身，非凡夫肉眼所易见。如《性起品》最后之所言，"是故离放逸，一心常奉持"，或谓此乃能否目睹如来、菩萨示现之一关键。

21　清凉之心水
　　——离世间品

五台山清凉寺

　　自东亚之佛教圣地五台山金阁寺向西前进,野生之草花遍满全山,如绒毯般生意盎然,穿越山岭,再往前行,可见标示"清凉寺入口"之指标,由此通过狭小道路,即至清凉谷。清凉谷右侧之台地上,即五台山清凉寺。

　　"文化大革命"时,其风暴亦不轻饶此名山胜景,佛殿等一切建筑皆遭破坏,目前,仅一清凉石残存于寺域中。清凉石所在之位置,恰为寺域之中心点,为一长约五米、宽约二米半、厚约二米、周围十五米之长方形巨石,颜色略呈青蓝。据云此清凉石乃文殊菩萨为改变五台山之气候,而借自于龙王之巨石,本寺亦因此石而名为清凉寺。

相传清凉寺系建于北魏孝文帝时,是后屡经重修,民国早期时曾建有殿堂,公元一九五六年,更于大雄宝殿雕刻千手千眼观世音菩萨像,于文殊殿雕刻文殊、普贤二菩萨,惜于"文革"时,全遭破坏无遗。

《广清凉传》卷上,有如下关于清凉寺之记载:"依山立名,托居岩侧。前通涧壑,上接云霓。"

清凉寺系建于清凉谷之岩台上,前有溪流潺潺,山峰上云涌虹现。唐长安二年(公元七〇二年)七月二十日,有一大德名"感法师"者,率道俗一千余人登至台顶,于五色彩云中,见佛之手相显现,白狐、白鹿群聚其前,梵音随风响彻于山谷,且异香馥郁,时,更见菩萨披挂璎珞出现于西峰。感法师曾将所见描绘成图,呈奏于则天武后。

北魏时灵辨(公元四八七或公元四七七——五二二年)曾入住于清凉寺行道,并著《华严论》一百卷。

《华严论》一百卷——灵辨

山西省太原市西侧二十公里处有龙山(悬瓮山)。山上有一中国最古老之燃灯石塔,至今仍完整存在。灵辨曾入住于龙山中。灵辨为晋阳人,幼少即入佛门,常读诵大乘经，特别致力于菩萨行。亦常读诵《华严经》，因而知悉此经乃大乘佛教之最深教法。其后，曾奉持《华严经》至五台山清凉寺，乃为求文殊菩萨加护之故。灵辨于清凉寺之修持，如《古清凉传》卷上云："顶戴此经（《华严经》），勇猛行道，足破血流，勤诚感悟，乃同晓兹典，著论一百卷。"

为求文殊菩萨加护，晓悟《华严经》教法，曾不断读诵此经，于一年之中，修持环绕五台山之回峰行。以至于足破血流，甚至肉裂骨现（《华严经传记》）。最后则以膝行，只为求得冥感。其不惜身命以至如此。

一日，忽闻有一僧言："汝且停止行道，善自思惟《华严》之真髓。"

于是，启阅经典，而豁然大悟。时为北魏熙平元年（公元五一六年）正月。

于是，灵辨即于清凉寺着手撰写《华严论》。为阐述《华严经》之真义，解释经文，以明其深奥之教理，虽备受苦楚，亦不停辍。于清凉寺一年，翌年正月，移住龙山嵩岩寺，仍继续撰写。

灵辨之道行，风传至北魏孝明帝耳中，虽灵辨固辞，仍再三召请，于宣光殿开讲《大品般若经》。是后，则于式乾殿继续撰述《华严论》。终于，于神龟三年（公元五二〇年）秋九月，完成《华严论》十帙百卷。此未曾有之快举，完成了中国佛教史上最初之大部书《华严经》注释。灵辨造作此论，系倾尽全身心力，而于正光三年（公元五二二年），迁化于融觉寺，年仅四十六。

孝明帝知悉此事，遂下诏令，云："此论乃上菩萨所造，宜收入经藏，编辑目录，以广弘布流传。"

于是，由灵辨弟子道昶、灵源、昙显等奉旨传写，流通于道俗之间。

最初，《华严论》仅流传于山西地带，并未远传至长安、洛阳，而长安之华严学徒均热望能一睹该书。唐永淳二年（公元六八三年），有终南山至相寺通贤法师及玄爽、房玄德二居士等，同诣五台山，于童子寺拜见此书，遂持返长安，而广泛流通。距灵辨著论百六十余年后此书方呈现于长安都城。

论者，为菩萨之撰述书，与新罗元晓之《金刚三昧经论》、唐李通玄之《新华严经论》并称，灵辨之《华严论》一百卷，亦光芒四射，颇受爱读。惜今仅存断简数片。

圣地之庄严

《华严经》第七会，仍于普光法堂开启，故称为普光法堂重会。普光法堂重会计一会一品，即《离世间品》。

世尊于摩诃提国寂灭道场之普光法堂，端坐于宝师子座，成等正觉。时，有无量菩萨云集，普贤菩萨入于佛华严三昧中，方自三昧起，普慧菩萨即提出有关菩萨之行法二百问。普贤菩萨于每一问各予十种作答，计二千行法，依顺序即十信、十住、十行、十回向、十地、果满究竟位等行。

以下，即说明菩萨之十种依果、奇特想、行、善知识、勤修精进等行法，唯限于纸数无法全部列出详明，今仅举出须特别注意之菩萨行法，略加解说。

譬如菩萨之十种行，即：

一、令一切众生专求正法行；

二、善根淳熟行；

三、善学一切戒行；

四、长养一切善根行；

五、一心不乱修三昧行；

六、分别一切诸智慧行；

七、修习一切所修行；

八、庄严一切世界行；

九、恭敬供养善知识行；

十、恭敬供养诸如来行。

若能修习以上十种菩萨行法，即能完成佛行。修学戒律、积聚善根，确为重要之行，但却更须一心不乱修习三昧。灵辨于五台山清凉寺之所修，即为一心不乱之《华严经》读诵行。"读诵"可谓即三昧行。五台山周围之山峰、溪流、花卉等一切，或皆涵于读诵三昧之中。"分别一切诸智慧行"者，即于读诵三昧之后，依文殊菩萨之指示，思惟《华严经》之深旨。如此，三昧与智慧具足，始能完成"庄严一切世界行"。以清凉寺清凉石为中心之清凉谷，或即为"此世界之净土"般被庄严着，进而更庄严五台山之五峰。如此庄严毕，于是再供养善知识、菩萨、如来等。《华严经传记》卷一有云："今此山下有清凉府，山之南面小峰有清凉寺。一名五台山。以五山最高，其上并不生林木，事同积土故谓之台也。山周回四百余里，东连恒岳。中台上有大华池，湛然清澈，蒸多征感。又有精屋石塔；北台上有铁浮图二，并舍利及文殊形像。（中略）烂同舒锦，赫如霞照。至于超常绝听之类，世所希闻者。"

　　观此五台山之景象，无异即"庄严世界行"所成之清净世界。

　　五台山自中腹以至山顶，不长树木，仅遍生高山植物，且花卉竞放，仿如一片花田。其中，涌泉随处可见，大华池即其一也。台顶上有佛塔、舍利塔及文殊菩萨像。由此观之，诚如净土之显现，绝视听之景致。

　　以一心不乱之三昧，及《华严经》之研究，而完成

"庄严五台山行"者，即灵辨是也。

自在之出入

普贤菩萨回答普慧菩萨之二百问中，有各形各色之问题，其中，如说进入十种世界，即：

一、入不净世界；

二、入清净世界；

三、入小世界；

四、入中世界；

五、入微尘世界；

六、入微细世界；

七、入伏世界；

八、入仰世界；

九、入有佛世界；

十、入无佛世界。

所谓十种世界，即由清净世界、不净世界之净不净世界，小世界、中世界、微尘世界、微细世界之世界之大、小，伏世界、仰世界上下之世界，以及有佛世界、无佛世界佛之有无世界所组成者。

灵辨所居住之五台山为清净之世界，而出五台山之境域，即为不净之世界，可谓不净之世界所范围者即五台山。菩萨者，有入不净之世界救度众生，有于清净之佛国土赞叹如来；即于清净、不净之二世界中自由自在地出入。

世界之大小亦各自不同。中世界者，以五台山而言，则约于中台、南台之一台峰；而清凉寺、竹林寺者则为小世界；山顶之沙砾为一微尘世界；高山植物中之一朵小花，约即微细世界。自台峰俯视深谷，为伏世界；自台顶仰视长空，为仰世界，其中有文殊菩萨之示现。五台山之境域中，为有佛之世界；五台山外，则为无佛之世界。

唐朝禅僧临济义玄，被问及"正悟之见地"时，有如下之作答：

> 尔但一切，入凡入圣，入染入净，入诸佛国土，入弥勒楼阁，入毗卢遮那法界，处处皆现国土成住坏空。（《临济录》大正四十七·页四九八中）

此即谓汝等众人，不论凡俗之世界、圣者之世界、不净世界、清净世界、诸佛国土、弥勒殿堂、毗卢遮那法界，皆能自由进入，且随处显现诸国土，更能悉知世界之生灭变化。如此，能自由自在出入诸国土者，即为贤达圣人。《华严经》之《入法界品》，系说善财童子遍访诸国之善知识；而《离世间品》则说菩萨能自由自在出入诸世界。

十种自在

《离世间品》中，更说十种自在。即：

一、寿命自在；

二、心自在；

三、庄严自在；

四、业自在；

五、受生自在；

六、解脱自在；

七、愿自在；

八、神力自在；

九、法自在；

十、智自在。

此中，寿命自在者，于无限之时间，能自在保有寿命。人类之生命有灭亡之时，而菩萨之寿命则系无限制的自在。灵辨虽年仅四十六即逝世，而《华严论》一百卷，却有永远之生命。初唐时，有一同名之大慈恩寺灵辨，亦为一华严学者，且活跃一时。(《华严经传记》卷三，《讲解》下)

心自在者，即依无限三昧而获得甚深智慧。灵辨进入五台山，曾顶戴《华严经》行道一年，彻底实践读诵三昧。若无此行持，则无法获得体悟《华严经》之智慧。

庄严自在者，即庄严一切国土。五台山即由佛、菩萨、寺院、佛塔等庄严而成之圣域。

业自在者，即随时承受果报。灵辨曾承受文殊菩萨之冥感而豁然大悟，此即行道之果报。

受生自在者，即受生于一切国土，显现形像。文殊菩萨于五台山随处示现，此实非普通凡人所能及。佛陀波利欲入五台山时，曾遇一老人指示道："持《佛顶尊胜陀罗尼经》来。"此一老人即文殊菩萨之化身。灵辨曾蒙一人指示道："汝且停止行道，善自思惟《华严》之真髓。"此一人者，亦即文殊菩萨之化身。于五台山得遇文殊菩萨之化身者甚多，其事散见于《广清凉传》以及圆仁之《入唐求法巡礼行记》。

解脱自在者，即能见一切世界中充满一切诸佛。如五台山之五台、圣迹，时有灵祥之事。

愿自在者，即应时、应处圆满得悟。此相应于时、处者，为一重要关键。人于一生涯中，常于任何时、任何处发生任何种事，如依修行之力，某时、某处，得悟某种事。虽未曾有伟大之觉悟，但于某时、某处，却常有突然之事生起。

神力自在者，即生起一切大神变。所谓奇瑞、不思议事之现起，于宗教者之体悟而言，乃日常茶饭之事。

人若用心于意志、气,则能显现神变。

法自在者,即现无量法门。《离世间品》中,满载着普贤菩萨对二百问题之回答,即说无量教法。灵辨亦撰有《华严论》一百卷之大部法门。

智自在者,即于一念中,得悟如来之十力、四无所畏。唯如来所具之十力、四无所畏,能于一念之中悟得。

以上所述十种自在,若能自在获得,则能得一切智自在。

清凉之月——名句之花束

《离世间品》中有不少名句。兹试列举数种,首先,说十种净忍。有关第一种之说,如下云:"若他骂辱,悉能堪忍,获彼心故。"

不论如何遭受他人詈骂、羞辱,皆悉堪于忍受。若谓何以需要堪忍?乃为爱护他人之心之缘故。此即除自我修行外,亦须守护他人之心。因当他人骂辱时,其心已呈不悦,若加以对骂,则必成双方争吵,此时,对方当更加愤怒。为不令他人更形愤怒,故必须"堪忍"。

其次,又云:"若他刀杖加害,亦能堪忍,护彼我故。"

他人以刀杖欲加害于我,亦须忍耐。实际上,此乃难以实践之事，然为菩萨者，若不能实行，则不能成为菩萨。前述二种语句实可谓为座右铭之名句。

《离世间品》更有下列名句：

烦恼愚痴，覆众生眼，皆悉盲瞽。我今智慧自在，当普开道众生慧眼，悉令清净。

此谓众生之眼为烦恼、愚痴所覆，故众生皆成盲瞽，不复能见。即众生之眼，本来清净，所以不能明视，乃因为烦恼、愚痴所覆之缘故。

相对于众生之眼为烦恼之业火所覆，菩萨之心，则喻为清凉之明月。经云：

菩萨清凉月，游于毕竟空；
垂光照三界，心法无不现。

此处所言清凉月之"清凉"，与《菩萨住处品》中提及之清凉山之"清凉"相同。《广清凉传》卷上曾述及五台山称为清凉山之缘由，有问清凉山一名之由来，系因其山寒凉而得名，或因具足殊胜功德而得名？对此质问，则答以因其山寒凉且具足殊胜功德，故名为清凉山。

一为山寒，兼有五顶。二唯就文殊化境，拣余仙圣所居（《广清凉传》卷上）。

此言五台山者，因寒冷之故，又有五峰，且为文殊菩萨化现之处，非其他圣人所居，故称为清凉山。为见

清凉月之故,灵辨入住于清凉山清凉寺,求文殊菩萨加护。附带一提,曹洞宗之回向文中,有:

　　菩萨清凉月,游于毕竟空;
　　众生心水净,菩提影中现。

此文句亦系取意于《华严经》(《お经禅宗》讲谈社,页二二〇)。道元禅师有歌咏云:

　　没有污浊,明月住于心水中,
　　波浪碎溅,光明耀射。
　　此谓清净之心水,即菩萨之清凉月。
　　究竟心者为何物?
　　心如工幻师,示现种种事,
　　善分别五阴,其心着所无。

此谓心者,恰如幻术,能现种种事物。如色受想行识,身体与精神等作用,皆能分别思虑,而其心之本质,却不执着于此,即如清净之水中,映现各种影像。

吾人之心,亦可成为菩萨如清凉月之澄净、透明之心。灵辨入住于清凉山清凉寺,得见文殊菩萨现身,且完成一百卷《华严论》之大作,即因其心能清净如清凉之水。《离世间品》之教法,即开示众生,舍弃世间一切烦恼,使成为清凉之心水。

22 善财童子求道
—— 入法界品（一）

五台山竹林寺——法照

五台山竹林寺，位于山西省台怀镇西南六公里竹林寺村之西侧。进入台怀镇之公车左侧，有一宝塔。竹林寺为唐朝高僧法照所建，日本圆仁等亦曾至此参访，为一闻名寺宇。

昔时，寺域中有天王殿、钟楼、大雄宝殿、禅院等建筑，惜今皆成为废墟；唯明代弘治年间（公元一四八八——一五〇五年）所建高二十五公尺之五层白塔，迄今仍耸立着。

作者于公元一九八五年至此参访时，仅见白塔及公元一九四二年日本天台宗僧所建题为"圆仁慈觉大师御研钻之灵迹"之石碑，而今已有庄严之殿堂复建完成。

唐大历二年（公元七六七年）二月十三日，距长江甚远之南方，有南岳衡山云峰寺，于寺中食堂内就食之法照，于盛粥之钵中，发现映有五台山之影像。仔细观之，距佛光寺东北一里许之山下，谷川之北有石门，法照似有入石门之错觉，向前约行五里远，见一寺宇，题名"大圣竹林寺"，于思索中，钵中影像即消失不见。

同月二十七日朝时，又于钵中映现五台山华严寺等其他诸寺，以及宝池、楼观等金色辉映，更有文殊菩萨暨一万菩萨出现其中。

是后，法照于衡州湘东寺高楼之念佛道场念佛，忽见五色祥云中，有数十名梵僧伴随阿弥陀佛及文殊、普贤等一万菩萨出现。法照出念佛道场见之，恰与一老人相遇，老人劝法照参诣五台山。于是，法照与同志者十人，于大历四年秋，自南岳出发，翌年四月，抵达五台县。向南方遥望佛光寺，但见数十道白光闪耀。翌日，抵佛光寺，发现与钵中所见之景完全相同。

是夜，于户外，见一白光自北山直射而下，法照知此即为文殊菩萨不思议之光，于是朝白光之方向寻去，约行一里余，山下有一谷川，其北侧有一石门，见二童子各着青衣，站立于门侧，其年龄约八九岁，颜貌端正。一人名善财，一人名难陀。二人见法照来，欣喜礼拜，并引入门中，北向约行五里远，忽见一高约百尺许之金门楼。再向前进，有一寺宇，寺前之金桥上有"大圣竹林寺"之题额。其寺周约二十里，中有百二十院，各院中皆有宝塔，黄金所庄严。地面亦由黄金造成，清流潺潺，花卉争放。法照步入讲堂，即见文殊菩萨在西，普贤菩萨在东，周围环绕约有万余菩萨。法照请教二菩萨成佛之道，二菩萨教以诸法之王为修念佛法门。文殊菩萨更以偈颂道：

　　汝等欲求解脱者，应当先除我慢心，
　　嫉妒名利及悭贪，去却如斯不善意。

时，普贤菩萨亦说偈道：

　　忍辱即是菩提因，无嗔必招端正报；
　　一切众见皆欢喜，即发无上菩提心。

承二菩萨教示，法照释去所有疑团，欢喜礼谢。文殊菩萨又告以"至诸菩萨院巡礼"，于是，法照巡礼诸菩萨院，并于七宝果园进一果实。再返回文殊菩萨所，礼拜辞退。二童子恭送法照出门，至门外，法照更礼谢二童子相送。然当法照谢毕抬头时，所有景像已消失不见，二童子及石门亦不复再现。(《广清凉传》卷中)

创建竹林寺之法照，于其不思议之谈话中所提及之善财童子，即《华严经·入法界品》之主角。

文殊菩萨与善财童子

叙述善财童子求道经过之《入法界品》，为第八逝多林会，后于舍卫城重阁讲堂开讲。此为《华严经》最后之品（章），分量颇多，自第四十五卷至六十卷，计十六卷，为《华严经》中与《十地品》并列之重要一章。本品系描写善财童子自发菩提心，而历访善知识，承受教法，完成修行，以至得悟之经过。

《入法界品》第三十四中，以普贤、文殊二菩萨为上首，暨五百菩萨、五百声闻、天王等之集会而拉开序幕。其时，世尊入于师子奋迅三昧，而现出不可思议之神变世界。唯舍利弗、摩诃迦叶、难陀等声闻，却不能得睹如来之自在力。此处所言之"难陀"者，即于竹林寺石门前，与善财童子同时迎送法照之童子之名。

时，明净愿光明菩萨等十位菩萨，各以偈颂赞叹佛德。其后，普贤菩萨详明师子奋迅三昧之内容。时，世尊为令诸菩萨皆能入师子奋迅三昧，遂自眉间白毫相放出光明，遍照一切世界，群集之诸菩萨因此能入各种三昧。

其时，文殊菩萨承佛神力，观察十方，以偈文赞叹祇洹林中无量庄严。

观察只洹中，如来自在力；
一切境界出，无量功德云。

此谓如来能自在自主地现出无量功德云。法照于衡州念佛道场所见之五色祥云，当即如来化现之祥云。此外，菩萨亦能自一一毛孔中现出光明，其光明之末端，各有无数菩萨出现。法照于佛光寺所见之一道白光，即为文殊菩萨所化现。

终于，轮到文殊菩萨出现为舞台之主角，金刚力士为侍者，负责守护。文殊菩萨将离开祇洹林，向南方游化。舍利弗首先赞叹文殊菩萨之功德与庄严，并与诸比丘恭敬礼拜文殊菩萨。时，文殊菩萨开示道："若能完成广大心行，则能生如来家。"

诸比丘闻教已，皆得净眼三昧。文殊菩萨期望诸比丘能实践"普贤行"。

文殊菩萨与诸侍者向南方游化而去，首先至觉城东方之庄严幢娑罗林，进入大塔庙。此处为过去诸佛修苦行之处。文殊菩萨于此处说法，大海龙王率家臣前来听讲，有一万龙王闻后豁然开悟。法照于竹林寺承文殊菩萨教道时，菩萨周围亦有一万余菩萨围绕。

大塔庙中，有一千在家男众信者、五百女众信者，及五百童子、童女等远来相聚。五百童子中，有善财童子、善行童子、善心童子、善眼童子等。

　　文殊菩萨欲为众人说法，特别瞩目于善财童子。善财出生时，家中富有，有五百宝器，盛满众宝，满诸库藏中。因此，占师曾言：可为此子取名"善财"。善财童子曾供养诸佛，深植善根，亲近善知识，清净身口意，为一修菩萨道之行者。

　　文殊菩萨注视善财童子后，说道："吾当为汝说微妙法。"善财童子于是向文殊菩萨乞受教法。

　　文殊菩萨道："广求善知识，亲近之，并恭敬供养，然后求教'何为菩萨行'。"

　　善财童子闻后，踊跃欢喜，遂决心广求善知识，探究菩萨道。文殊菩萨便勉励其须具足普贤行，完成无上道。

五十三位善知识

　　文殊菩萨告诉善财童子，首先当至可乐国和合山拜访功德云比丘，请教如何修菩萨行，如此，善财童子所参访者，包括最初之文殊菩萨，计五十五处所、五十三位善知识，善知识之名称如下：

　　（一）文殊师利菩萨
　　（二）功德云比丘

（三）海云比丘

（四）善住比丘

（五）良医弥伽

（六）解脱长者

（七）海幢比丘

（八）休舍优婆夷

（九）毗目多罗仙人

（一〇）方便命婆罗门

（一一）弥多罗尼童女

（一二）善现比丘

（一三）释天主童子

（一四）自在优婆夷

（一五）甘露顶长者

（一六）法宝周罗长者

（一七）普眼妙香长者

（一八）满足王

（一九）大光王

（二〇）不动优婆夷

（二一）随顺一切众生外道

（二二）青莲华香长者

（二三）自在海师

（二四）无上胜长者

（二五）师子奋迅比丘尼

（二六）婆须蜜多女

（二七）安住长者

（二八）观世音菩萨

（二九）正趣菩萨

（三〇）大王天

（三一）安住道场地神

（三二）婆娑婆陀夜神

（三三）甚深妙德离垢光明夜神

（三四）喜目观察众生夜神

（三五）妙德救护众生夜神

（三六）寂静音夜神

（三七）妙德守护诸城夜神

（三八）开敷树华夜神

（三九）愿勇光明守护众生夜神

（四〇）妙德圆满神

（四一）瞿夷（女）

（四二）摩耶夫人

（四三）天主光童女

（四四）遍友童子师

（四五）善知众艺童子

（四六）贤胜优婆夷

（四七）坚固解脱长者

（四八）妙月长者

（四九）无胜军长者

（五〇）尸毗最胜婆罗门

（五一）德生童子

（五二）有德童女

（五三）弥勒菩萨

（五四）文殊师利菩萨（再）

（五五）普贤菩萨

以上虽列五十五人之名称，然第四十四位遍友童子并未说法，第一及第五十四之文殊菩萨重复，故实际上仅有五十三位善知识。

奈良东大寺所藏《华严五十五所绘卷》，即描绘善财童子历参善知识之经过。《华严海会善知识图》，分为五十四区，其中均列有善知识，即善财童子参访图。（石田尚丰著《华严经绘》）

善知识难遇

善财童子于第二处功德云比丘所，承教念佛三昧门。法照于念佛道场行念佛三昧时，得见阿弥陀佛及普贤、文殊二菩萨。

第三处为海门国海云比丘之道场，善财童子于此听讲《普眼经》。海云比丘亦曾现身于五台山。(《古清凉传》卷下《游礼感通》条)

第四处为海岸国，承善住比丘说无碍法门。无碍者，即不为一切物所障碍，亦不为一切所执。

第五处为自在国之咒药城，有良医弥伽为善财童子说《轮字庄严光经》。又譬说菩萨如大地、大海、日、月、火、云等。

第六处为住林国，有解脱长者教示如来无碍庄严法门。悟知菩萨之无碍境界，皆由己心具甚深智，了一切法。

第七处为庄严阎浮提顶国，海幢比丘为说清净光明般若波罗蜜三昧法门。其教示中有：一切有皆悉如梦，五欲乐无有滋味。

以般若之慧眼观之，一切诸法皆悉如梦幻，欲望之乐亦非真正之乐，所谓乐极生悲是也。

第八处为海潮国普庄严园林，系休舍优婆夷之处所，善财童子于此习得离忧安隐幢法门。其中有"并非为断除一众生之烦恼而发菩提心，系为断一切众生之烦恼、救度一切众生而发菩提心"之说。更云："诸大菩萨则为良药，若有见者除灭烦恼。"

即谓诸大菩萨是为良药，若见此大菩萨，则能断除烦恼。法照于大圣竹林寺得见文殊菩萨圣容，实为殊胜之事。多数求道者，皆以为见文殊菩萨而上五台山。

第九处为海潮国毗目多罗仙人之住处，于此善财童子得悟菩萨无坏幢智慧法门。此仙人端坐于大林之中，身着树皮之衣，坐于草上，有一万仙人眷属，周围为旃檀林。仙人以右手摩善财童子顶，更以手捉善财童子手，善财童子遂感觉自身处于无数佛之处所，即进入佛之世界。当仙人手离善财童子后，善财童子则发现自身仍为原来之自己。

第十处为进求国，系方便命婆罗门之处所，善财童子于此承教菩萨之无尽法门。即使登高峻之刀山，或投掷于火中，皆悉清净菩萨诸行，善财童子于攀登刀山、投身火中之途中，悟得菩萨安住三昧。其教法，如经云：

得人身难，离诸难难，
得无难难，得净法难，
值佛世难，具诸根难，
闻佛法难，遇善知识难，
得与同止难，得闻正教难，
得正命难，顺趣正法难。

此即谓得人身出生于世、听闻佛法、值遇善知识、听闻正教等，皆为至难之事。

女人之法悦

　　善财童子第十一处所探访者,为师子奋迅城之弥多罗尼童女,童女为之说般若波罗蜜普庄严法门。弥多罗尼童女全身黄金色,发、目皆为绀色,端坐于师子座。悟得此法门之童女,知悉无数陀罗尼门。虽为女身,亦能为说甚深法门。

　　第十二处为救度国,系善现比丘之处所,授予善财童子随顺菩萨灯明之法门。善现比丘于林中经行,口中不断念诵经文,其法相端正、容颜庄严。

　　第十三处为输那国,系释天主童子之处所,善财童子于此习得一切巧术智慧法门。释天主童子于善城门外河水边,与一万童子聚沙嬉戏。此童子承文殊菩萨教授算数之法,悟得巧妙之智慧。如无量沙数,亦能详细算知。此已如《阿僧祇品》所说。即能算知无限之数量者,为释天主童子。

　　第十四处拜访者为海住城之自在优婆夷。即在家修持之佛教信女,虽为在家之信女,亦可成为善知识。其实,不论男女,不分任何职业,皆可为人师。不论任何人之所说,若能用心听闻,皆为殊胜之教法。经云:"善知识月,能以清凉教法光明,除众热恼。"

即说善知识能为大众消除苦恼。善知识又可喻为日、大海、阎浮树之花、果实等。自在优婆夷"年在盛美",即正值青春年华。能自身上放出光明,除佛菩萨外,无有能比拟者。即女众中之美貌端庄者,恰如五台山南禅寺,或佛光寺中菩萨之容貌。此女能自身上生出妙香,若蒙其香薰习者,能除贪爱与诸欲望;若闻其声音,皆法喜充满;若见其形像,则能离欲。

善财童子承自在优婆夷传授无尽功德藏庄严法门,如经云:"以一器食施百众生,随其所欲皆得充满……乃至不可说不可说佛刹微尘等众生,随其所欲,皆悉充满,而无损减。"

此谓以一钵之食施予百人,百人皆能获得满足;若以一钵之食,施予千人、万人、一亿人,乃至百千亿无数人,皆能令如数等诸人获得满足。即以一钵之食布施供养,一切人皆能满足。经中更云:

　　此诸菩萨,

　　取我器食,

　　于一念顷,

　　遍游十方,

　　供养一切,

　　声闻缘觉,

> 菩萨诸佛,
>
> 及施饿鬼,
>
> 悉令满足。
>
> 而我器食,
>
> 无所损减。

菩萨以一钵之食供养诸菩萨及佛,更施予饿鬼,皆能令之获得满足,而钵中之食却未减少。"施饿鬼"者,日本于夏季"お盆"前后施行;中国,亦有"瑜伽焰口"之施饿鬼仪式。甚至以纸制作饿鬼形状,而举行施饿鬼之佛事。于日本,在寺院之本堂(即佛殿)设置施饿鬼坛,中间设三界万灵之供养塔,而以茶汤、饮食、香华等物供养。

"供养"一语,有诸多含意,如以恭敬心奉事诸佛,礼拜或呈献香华、饮食等,皆谓之供养。《维摩经》中有《法供养品》,即谓以法供养。如:法供养者,诸佛所说深经。

即谓供养甚深教法之经典为法供养。以一钵之食布施供养,能令诸人皆获满足,此事并非以事相来说明,实即法供养之象征。即为一切人叙说佛法真理,能令诸人获得法喜充满之谓。"器食无所损减"者,即谓佛之教法,诉诸无数人,而教法并未减少,亦不损失。

善财童子见自在优婆夷之宫殿中，端坐万余人女众，其诸人等皆容貌焕发，法喜充满。经中又云：

功德灯明，灭贫闇故。

即谓施一钵之食所获之功德，能如灯明灭诸贫苦暗闇。

于五台山，法照亦承普贤菩萨传授教法，依普贤菩萨之教示，一切众生皆生欢喜，发无上菩提心。《广清凉传》卷中《法照和尚条》有云：

若依此语而修行，微尘佛刹从心现。

即谓承受法供养者，其心中能映现佛国土。法照于一钵粥中映出五台山佛光寺之全景，或即文殊菩萨所授法供养之一；于佛光寺所见之光明，亦必如是。

23 唯一法门
——入法界品（二）

善财童子之合掌像——法海寺壁画

　　北京市石景山区翠微山南麓，有寺院名法海寺，建于明代正统年间（公元一四三六——一四四九年），现存有山门、大雄宝殿。大雄宝殿内有七幅巨大壁画，为此寺评价提升之主因。壁画内容有韦驮、天、大自在天、梵天、帝释天、广目天等诸天形像，及鬼子母神、普贤行者、最胜老人、善财童子等。

　　善财童子像位于殿中央水月观音之左侧，双手合十，肤色均匀，衣纹纤细，整体呈现出天真烂漫之情趣。

　　《华严经·入法界品》之主角为善财童子，善财童子系受文殊菩萨之指示而各处参学求法，故文殊菩萨可谓系善财童子之指道者。善财童子为福城长者之五百童子中之一人，曾至福城东方庄严幢娑罗林文殊菩萨之处所，于此发菩提心，并承指示，南行参访五十三位善知识，以至开悟。如此，将善财童子之游行参学加以图像化，并一一附加赞文，即《文殊指南图赞》。

《文殊指南图赞》（大正大藏经，第四十五卷所收）系宋代佛国禅师惟白所撰，其卷首载有中书居士张商英之序文。张商英居士谓，穷极《华严经》奥义之书，于中国，约有四种，即李通玄之《华严经论》四十卷、澄观之《华严经演义钞》一百卷、龙树之《二十万偈》、佛国禅师之《五十四赞》（即《文殊指南图赞》）。其中详述《华严经》之要枢，列出法界纲目，更叙述善知识之样相及善财童子之得悟始末，以文章简洁著称者为《文殊指南图赞》。张商英居士对《文殊指南图赞》曾极力赞叹。

于《文殊指南图赞》之各图中，善财童子参访善知识之形态呈现于中央部分，四周则各图分别描绘诸善知识所在国土之特有宫城、殿堂之情况、风景，五十三图均各自不同，即使仅赏阅其图，亦有不同情趣。最后之第五十四图，系佛国禅师自身得悟之自画像。佛国禅师（惟白），北宋末人，生卒年不详，为云门宗法云法秀之弟子，住于汴京法云寺，谥号"佛国禅师"。北宋建中靖国元年（公元一一〇一年）八月，撰《建中靖国续灯录》三十卷，蒙帝（徽宗）赐御制之序，编入《大藏经》。

祛除心病

以下自《入法界品》第十五甘露顶长者开始。善财童子于大兴城甘露顶长者处，承教如意功德宝藏之法门。

第十六处系拜访师子重阁城法宝周罗长者，善财童子于此获得满足大愿之法门。

第十七处为普门城，于此地承普眼妙香长者教授令一切众生欢喜之法门。普眼妙香长者能悉知一切众生之病痛，经云："善男子！我知一切众生病……如是等类，一切诸病，我悉了知，随其所应，皆能疗治。"

即谓普眼妙香长者能悉知一切众生之病痛，且能随其所应，予以治疗。《维摩经》中有《问疾品》章，叙述众生之病何以生起，云：

四大合故，假名为身。

四大无主，身亦无我。

又此病起，皆由着我。

"我"之有身，皆由地水火风四大之假合，即依因缘之存在而生起。此处所谓之"病",即心病之谓,与《华严经》所说完全相同。即一切众生所患之病,或有真正之疾病,然大体上皆由烦恼所引之心病。《入法界品》中有云:"贪欲多者教不净观,嗔恚多者教慈心观,愚痴多者教法相观。"

此即谓凡患有贪嗔痴三毒之病者,教以修持不净观、慈心观、法相观。

首先,对贪欲心重者,教修不净观。人之肉体,生时,常出不净物,如屎尿等;死后,则生蛆,啖食血肉,可知人之肉身实为不净之物体,若能了知此理,则能去除对肉体之执欲。

嗔恚病重者,教修慈心观。若能知悉慈悲心之重要,与对慈悲心之感激,则能去除嗔恚之念。《法句经》云:

> 舍恚离慢,避诸爱会,
> 不着名色,无为灭苦。

即说摒弃嗔忿、慢心及一切烦恼。于身、心均不执着者,能云除一切苦恼。然而,生为人者,说不执着身、心,实非凡夫所能为;或于去除嗔恚、慢心方面,具有修养心者,稍能实现。嗔恚心能灭却自我之身,此事不待赘言亦为众所皆知之事。

对愚痴者,教修法相观。法相观者,即正确观察诸法之相。法者，一切诸物，即观察一切诸物之真实相。而一切物之真实相皆为无常，若能知悉无常，则无愚痴可言。因对于过去者，不论如何强调，皆已为过去之事，因过去者已去，不再复回；而未来者尚未生起，为未知数；现在者，又时时刻刻皆成过去。特别是对过去者，无论如何说，皆已过去，能如此悟知无常之理，则能去愚痴之执着。

烦恼大海

其次为第十八处，满幢城之满足王，授予菩萨幻化之法门。经云："当知我身口意，乃至蚁子，不生害心，何况人耶？人是福田，生诸善根。"

此谓不论或身或口或意，即使是对幼小蚁虫，皆不生害心。即谓凡有生命之物，皆不予加害。特别指对人，绝不存伤害之念，因"人"乃为福田之故，又"人"为一切功德生出之母胎之缘故。于印度，虽指一切有生之物，却特别重视人，特别指对人不能存伤害之心。

第十九处为大光王之善光城，善财童子于此习得菩萨大慈幢行三昧法门。何谓菩萨大慈幢行三昧？经云："诸大菩萨以大慈盖，普覆救护一切众生，上中下品等观无二，慈如大地，载育众生。"

此三昧者，即大慈行之谓。大慈如伞盖，荫覆一切众生，众生根性虽有上中下之别，以佛之慈悲心，对众生却无所分别，皆平等视之。又大慈喻如大地，大地能生长万物；佛亦以大慈润育一切众生。

第二十处于安住城，不动优婆夷为说菩萨之无坏法门。优婆夷，即佛教之在家女众信者。

第二十一处于知足城，随顺一切众生外道为善财童子说菩萨至一切处行法门。

第二十二处于甘露味国，青莲华香长者为之传授知一切诸香之法门。如经云："善男子！我唯知此香。……一切世间无所染着，具足成就无碍戒香，除灭障碍，智慧境界，通达无滞，心常平等。"

青莲华香长者能知香之功德。所谓香者，戒香也。即受持戒律，其功德熏于四方，遂以香喻之。以持守戒律之故，智慧自在，心常平静，能不为外物所动。

第二十三处于楼阁城，由自在海师传授大悲幢净行法门。其教法即谓，于生死烦恼之大海中，不为外境所染着。一般凡夫，没溺于烦恼大海中，执着外境，不能舍离。处于烦恼之浊流中，又丝毫不受染着，须具有相当之智慧，方能实现。

天女之拥抱

第二十四处于可乐城，由无上胜长者传授至一切趣菩萨净行庄严法门。

第二十五处于迦陆伽婆提城，由师子奋迅比丘尼传授菩萨一切智法门。师子奋迅比丘尼于国王之园林——日光林中，说诸佛法，利益一切众生。

第二十六处于宝庄严城，由婆须蜜多女传授离欲，实际清净之法门。

婆须蜜多女为一绝妙端庄之女性。经云："若天见我，我为天女；若人见我，我为人女；乃至非人见我，我为非人女。"

婆须蜜多女具有变异自在之能，可随见者之不同变现其身形。经文又云："若有众生，与我语者，得无碍妙音三昧；若有众生，执我手者，得诣一切佛刹三昧。"

即谓若与婆须蜜多女共语，则能入妙音充满之世界；若执其手，则能入一切诸佛国土。接着经文又叙述道：若与此女共宿，或见此女之眼，或见此女之颜貌，或与此女阿黎宜（ālingana之音译，男女之拥抱），或与此女阿众鞭（acumbana之音译，男女之接吻），皆能得诸功德密藏三昧。于男众而言，婆须蜜多女恰如天女般，若与之双目接视、拥抱或接吻，反而，男众能得远离诸欲望，可知婆须蜜多女实非泛泛之女辈。当善财童子闻此说法后，想必惊讶不已！

于印度之佛教，如此广说净化爱欲；于中国，佛教诸大德则说"目不视女人"为修行之重要项目，此或即缘自中国儒教伦理思想之缘故。

究竟婆须蜜多女系何种女性？经文有云："身如真金，目发绀色，不长不短，不白不黑，身分具足，一切欲界，无与等者，何况有胜！……具足无尽功德宝藏，身出光明，普照一切。"

即谓婆须蜜多女身体黄金色，双目、头发皆为绀色，身体各部均匀调和，此欲界中之女性，无有与之相等者，更遑论有胜过此女者。且婆须蜜多女能自身上放出光明，蒙光明所照者，皆获大欢喜，更灭烦恼焰。此女实无异于飞天之降临。

光明山之观音菩萨

第二十七处为安住长者之道场——首婆波罗城，传授善财童子不灭度际之菩萨法门。此教法即于一念中能知三世诸法。"念"之字，乃"今"与"心"和合而成；今心，即此刻之心，为最重要之心；又"今"之生存之心,即专注之心,为最重要之心。

第二十八处为光明山,承观世音菩萨传授大悲法门光明之行。经文中有关观世音菩萨之住所,云:"于此南方海上有山,名曰光明。彼有菩萨名观世音。"

所谓南方海上有光明山,于中国,即指舟山列岛之普陀山。

善财童子登临光明山,拜见观世音菩萨,其情况,经文云:"渐渐游行至光明山,登彼山上,周遍推求,见观世音菩萨住山西阿。处处皆有流泉浴池,林木郁茂,地草柔软,结跏趺坐金刚宝座。"

此谓观世音菩萨于光明山西侧之丘,金刚宝座上结跏趺坐。光明山上有泉水涌现,有水池,树木茂盛,柔草覆地,仿如此世界之极乐净土。于此,观世音菩萨宣说《大慈悲经》。

观世音菩萨曾发誓愿,救度一切众生;并祛除一切众生之恐怖、忧虑。

第二十九位善知识,系金刚山正趣菩萨,于观世音菩萨处,传授善财童子菩萨普门速行之法门。

第三十处为婆罗波提城,由大王天传授菩萨云网之法门。经云:

诸菩萨水,灭烦恼火;

> 诸菩萨火,能烧一切众生贪爱;
> 诸菩萨风,能散一切诸染着心;
> 菩萨金刚,摧灭一切吾我之想。

此乃说明菩萨之水、火、风、金刚,能消除众生之烦恼、贪爱、执着、自我。

第三十一处由摩竭提国安住道场之地神,传授菩萨不可坏藏法门。

第三十二处于迦毗罗婆城,由婆娑婆陀夜神获得菩萨光明普照诸法,坏散众生愚痴之法门。此夜神又以偈文重说其义,云:

> 无量无数劫,我常修大慈,
> 普覆诸群生,善财应速具。

此夜神以修大慈救度众生,并谓善财童子道:"汝亦应如此具足。"夜神之所以具足大慈大悲,乃因历经长时间,供养无数诸佛之故。

第三十三处于阎浮提摩竭提国,由甚深妙德离垢光明夜神传授寂灭定乐精进法门。此夜神有无数自第一禅至第四禅之甚深禅定之体验,因此,传授善财童子禅定法门,并劝其精进修习。

善知识即菩提、精进、不可坏力

第三十四处参访者亦为夜神，名喜目观察众生夜神，传授善财童子菩萨之普光喜幢法门。善财童子叹道："善知识难见！难遇！"于是，更决定陆续参访。

善知识者，为菩提，为精进，为不可坏之力。善财童子如此确信不渝。人，若仅自我修持，欲寻觅佛道，实为至难之事；因若遭遇挫折，则易生怠惰。然而，于善知识之提携下，能发勇猛心，身心一致，迈进不懈。

善财童子于参访第三十四处之善知识，承蒙开示后，甚感善知识之可贵，于是，决定继续前进。经云：

> 喜目天无着，除灭众虚妄；
> 众生乐着世，为现佛法力。

喜目夜神不执着外境，而吾等众生执着于世间诸相，且贪爱不舍，妄想不能除灭。佛之法力者，能指道众生，令消除诸种执着。善财童子于参访喜目天后，乃立誓发心修持，如喜目天之不执于一切。

其次，与同处参访第三十五位善知识，为妙德救护众生夜神，承授教化众生之菩萨法门。善财童子于此夜神处，获得菩萨离垢圆满三昧。经云：

> 善财合掌住，谛观无厌足，
> 见无量神力，其心大欢喜。

此乃谓善财童子于夜神处，合掌而立，凝视夜神，见夜神发出无量神力，于是生起大欢喜心。法海寺壁画中之善财童子，及《文殊图赞》所描绘之善财童子，均如经文所述，合掌呈欢喜心之相状。

其次，仍于同处，参访第三十六位善知识寂静音夜神，承授无量之欢喜庄严法门。众生根性不同，对多嗔者说忍耐，对怠惰者说精进，对乱心者说禅定，对愚痴者说智慧，即于六波罗蜜中，说适应众生根性之各种法门。

夜神以虚空、庆云、白日、满月等喻此法门。善财童子以"如何修行能获此法门"请问寂静音夜神。夜神答以修持十波罗蜜能获此法门。

寂静音夜神能体得如来殊胜法门，乃经历长时劫，供养无数诸佛之故，此与其他夜神之所修略同。诸佛中最后供养者为卢舍那佛，此为其特征。于佛法中，欲有任何体验，并非易事，均需经历长时之修持，方能成事。

如此，善财童子参访毕三十六善知识，其中，每一善知识皆对善财童子说："善男子！我唯知此法门。"每一善知识均以自身所体悟之法，加上名称，然后传授给善财童子。善财童子将诸善知识尽其生涯所习得之法门，作为自己之法修持。

　　人，能尽其生涯，修得一殊胜教法，诚属难得之事。换言之，任何人，不论以任何方式，尽其一生，至少必有任何一种收获，即使非殊胜之教法亦无妨。于他人或为困难之事，能以真挚之心态行之，至少一种，当非绝对不能实现。善财童子各处参访，承五十三位善知识，各自传授其以血泪所得之殊胜教法。

24　永远之求道
——入法界品（三）

终南山之华严行者——普安

中国陕西省西安市南边郊外，有神禾原，位于流自终南山之滈河、潏河汇合之处，高原广阔，云雾重叠，不易目睹终南山之全貌。作者曾登终南山之一峰，即入南五台山之处，乃为见圣寿寺之隋塔之故。

欲至圣寿寺，必须攀登细窄山道之陡坡，于攀登陡坡途中，值遇圣寿寺住僧，名传心法师。法师年七十岁，拄着铁杖，一步步往上行去。据言，法师自二十岁起即入住终南山圣嘉寺，堪称终南山之行者。

由传心法师联想起华严之行者普安（公元五三〇——六〇九年），普安系于北周、隋代顷，住于终南山之寺院。当于圣寿寺之隋塔建筑时，即住于山中。

圣寿寺之大殿，于"文化大革命"时，亦被卷入旋风中，佛像全遭破坏无遗。今，传心法师正努力筹制佛像中。普安，亦于北周废佛时，彻底遭受弹压。终南山溪谷之河川，虽然历北周废佛、"文革"破坏之劲岚，至今仍流水潺潺，不曾停息。

普安之传记，于《续高僧传》卷二十七，少年时，即苦节行头陀，师事静霭，习《华严经》，并勤行"读诵"之修持。静霭于北周废佛时，曾自行于终南山割腹自杀，将肚肠悬挂于松枝上。

北周废佛时，普安隐栖于终南山梗梓谷，与深林、泉石为友，一味修习苦行。并曾以自身布施蚊、虻，而致血流全身。后欲以身饲虎，然虎豹虽来，皆嗅而不食。

北周武帝逮捕僧侣极为严厉，曾出示捕获一僧可得赏物十段。僧众皆汲汲走避。唯普安一人，若无其事般出现于众人之前，人们为其悠然自在之气度所慑，无人动手捕缚。普安之能安渡难关，可谓即《华严经》之力所致。

隋文帝即位后，致力复兴佛教，逃亡于终南山之僧众，皆纷纷下山，住入官寺。然普安却不下山，亦不离终南山之草庵。

普安时或显现奇瑞，如恶人索头陀，因嫉普安之德行，屡次欲加害。一日，索头陀率三恶党，持弓捉刀，至普安之居处。拉弓欲放矢，不可思议地，矢却不离弦，手亦不可动弹。诸人怒目以视，噤舌无语，进退不得。良久，方大声喊叫，远近村人聚集而来。众人见状，乃低头求救于普安，普安说道："何以如此，我亦不知，或许即华严之力所致，若欲得免，可虔心忏悔。"于是，恶人经忏悔后，一切恢复原状。

如此"超能力"之不可思议事屡屡出现，普安皆认为乃华严力之所致。而何以普安具有如此之华严力？实因普安常读诵《华严经》之缘故。读诵者即三昧，若能一心不乱、集中精神读诵，则能引发强大之念力。

因读诵《华严经》而获得强大华严力之普安，拒绝长安大寺之召请，隐住于终南山深山之岩窟，于隋大业五年（公元六〇九年）十一月五日，以八十岁终其生涯，遗骸安葬于华严宗圣地——终南山至相寺之旁。

善知识如慈母

第三十七处参访妙德守护诸城夜神，承其教授甚深妙德自在音声法门。经云："佛子！一切众生，长寝生死，唯我独觉。"

即谓夜神经常保持觉醒。

第三十八处参访开敷树华夜神，得无量欢喜知足光明法门。以下即依顺序说明何善知识传授何种法门。

第三十九处，愿勇光明守护众生夜神，传授随应化觉悟众生、长养善根之法门。

第四十处，流弥尼（Lumbini）园之妙德圆满神，传授菩萨受生自在法门。此处说有十种受生法，若行此法，得生如来家。

第四十一处，迦毗罗城之瞿夷女，传授分别观察一切菩萨三昧海之法门。

第四十二处，迦毗罗城摩耶夫人传授大愿智幻法门。修此法门之摩耶夫人，为卢舍那如来之母，亦即悉达太子之生母。摩耶夫人可谓一切诸佛之母。

第四十三处，由天主光童女传授无碍念清净庄严之法门。

第四十四处于迦毗罗城，遍友童子师并未说法，仅为之介绍善知众艺童子。一言未及之善知识，亦可谓为真善知识也。

第四十五处，善知众艺童子传授四十二字般若波罗蜜法门。

第四十六处，摩竭提国贤胜优婆夷传授无依处道场之法门。

第四十七处，沃田城之坚固解脱长者传授无着清净念之法门。

第四十八处，妙月长者传授净智光明法门。

第四十九处，出生城之无胜军长者传授无尽相法门。

第五十处，由住于出生城南方法聚落之尸毗最胜婆罗门，传授诚愿语法门。诚愿语者，即诚实不虚妄之语，由此教法能生无量功德。又称为不退转法门，即"无已退，无现退，无当退"之法。

第五十一处、第五十二处，皆于妙意华门城，由德生童子、有德童女二人，传授幻住法门。即说明众生、世间及一切诸法皆为幻住。经云："一切众生生灭、生老病死、忧悲苦恼皆幻住，虚妄分别所生故。"

即谓人之生老病死、忧悲苦恼等，皆为幻住不实，若能如此观察，则能解脱苦恼。人，果真能如此谛念幻住之理耶？如普安，为一华严行者，当能确实谛观生老病死为梦幻之理。人，为生存一事努力不懈，即努力求生存，而观苦恼乃为暂时之事，如此，则易于突破。即使遭遇妻子儿女死亡，以梦幻观之，将更能体会人生必须具足充分之生存力量。

德生童子与有德童女，更为善财童子阐释何为善知识，如经云："善知识者则为慈母，生佛家故；善知识者则为慈父，以无量事益众生故。"

如此，反复地说明善知识为慈父、慈母、大师、道师、良医、船师等。已参访五十二位善知识之善财童子，闻此良言，当更深刻地体会善知识之重要性。

　　人，于一生中，欲值遇善知识，实为难中至难。若能得遇真正善知识，虽仅一人亦足矣！或能因此改变个己之人生。《法句经》云：

　　　　不亲愚人，思从贤友；
　　　　狎附上士，喜法卧安。

　　如此，不难知悉善知识或善友之重要性。

行道如救头燃——弥勒菩萨

　　第五十三处为南方海涧国大庄严藏园林中之弥勒楼观，善财童子于赞叹楼观诸菩萨后，即合掌礼拜，请问弥勒菩萨道："云何学菩萨行？云何修菩萨道？"

　　其时，弥勒菩萨于会上，指着善财童子，赞叹其不退转之修行。即为求真实义，善财童子勇猛精进，探访诸多善知识。且常以"心无厌足，如救头燃"之心态亲近善知识。"如救头燃"之语，于道元禅师之《学道用心集》中，有如下数语："诚夫观无常时，吾我之心不生，名利念不起，恐怖时光之太速，所以行道救头燃。"

　　此谓人生看似久长，却如一瞬间。善财童子参访善知识，亦如救头燃般；且"心无厌足"，终于来到弥勒菩萨所。

弥勒菩萨首先赞叹善财童子之殊胜功德，并谓善财童子，更须令一切人均发道心。善财童子能得人身与寿命，且值遇诸佛及文殊菩萨，乃因具菩提心之缘故。有关菩提心，弥勒菩萨云："菩提心者，则为一切诸佛种子，能生一切诸佛法故。"

以下，更以菩提心喻为良田、大地、净水、大风等，说明菩提心之功德。并说若得菩提心，能远离五种恐怖。五种恐怖即：火不能烧，水不能漂，毒不能中，刀不能伤，熏不能害。

上述之普安，以持《华严》故，具有华严力，因此，不论遭遇任何危险，皆能保全性命。能发菩提心，任何困难、险境，皆不能害之。如此，重复说明菩提心之重要性。

最后，弥勒菩萨云：若进入《华严》之大楼观，则能修持真正之菩萨行与菩萨道。

盛者必衰

其时，善财童子敬绕弥勒菩萨，合掌说道："唯愿大圣！开楼观门，令我得入。"于是，弥勒菩萨以右指弹之，其门自然启开，待善财童子进入后，又自然关闭。

善财童子进入楼观后，但见楼观宽广有如虚空，大地由诸宝所成；楼阁中，有七宝所饰之窗牖、栏杆，无数幢幡林立；空中华云密布，众鸟飞舞，无数花瓣自天降落。善财童子见此楼观之庄严景色，大为欢喜。

楼观中，诸佛为大众所围绕，弥勒菩萨谓善财童子言："童子！汝见楼观中诸大菩萨之不思议自在力否？"

善财童子答以："唯然！已见！"仿如于梦中所见之山林、河、池、大海、宫殿等。

善财童子于欢喜之余，请问弥勒菩萨道："如此不思议事，有何法门能令其出现？又诸菩萨来自何方？其出生地又于何处？"

有关菩萨之生处，弥勒菩萨说有十种，即："菩提心、正直心、安住诸地、出生大愿、大悲、真实观法、摩诃衍（大乘）、教化众生、智慧方便、随顺诸法十种。"

弥勒菩萨又道："生死皆悉如梦，五阴皆悉如幻。"

此乃必须觉悟之至理，因若能体悟生死如梦、肉体如幻，则能不受生死束缚。进一步，若能悟知"诸行皆悉无常"，则能体悟"盛者必衰"之理。所谓诸行无常、盛者必衰等语，《华严经》亦常言及。

盛者必衰者，非仅限于人类如此，举凡自然界之一切皆如此。一切事物，若达其绝顶期，则必遭衰降。人生亦如此，绝不可能永远保持盛世；如此至真至理，吾人应慎重其事，谨记于心。

接着，弥勒菩萨劝善财童子至文殊菩萨处求法，因文殊菩萨满足无数菩萨愿行，为无数诸佛之母、诸菩萨师，能勇猛精进教化众生之大菩萨，故宜前往求教，堪为汝之善知识。

于是，善财童子依弥勒菩萨之教示，前往文殊菩萨所。

智慧之完成——普贤菩萨

善财童子敬礼弥勒菩萨后，围绕示敬，然后离去。

善财童子迄今已经历百十一城，最后到达普门城，此为第五十四处。于其城中，善财童子一心敬仰文殊菩萨，思欲拜见菩萨慈颜。

是时，文殊菩萨赫然出现于普门城，伸右手摩善财童子顶，并教以信心之重要。谓若无信心，则心必滞于忧郁，无精进之意念；如此，菩萨行之实践必不能完成，佛法之真理亦无法悟证。

受此教法之善财童子，大为欢喜，终于得入普贤菩萨之道场。其时，文殊菩萨隐而不见。善财童子遂一心思念普贤菩萨，是时，菩萨之十种瑞相出现于善财童子眼前。接着经云："我今必见普贤菩萨，增长善根，究竟菩萨妙行，见一切佛。若见普贤菩萨，得一切智想。"

如此思念，得能见普贤菩萨。

住于金刚藏道场之普贤菩萨，为善财童子最后拜访之善知识。普贤菩萨自一一毛孔中，放出无数光明，遍照一切世界。得见如此不可思议威神力之善财童子，即时获得十不可坏智慧法门。十种法门即：

一、于念念中能以一身遍满一切国土；

二、供养一切诸佛；

三、闻持正法；

四、得法轮智波罗蜜门；

五、得自在智波罗蜜门；

六、得无尽辩智慧法门；

七、得般若波罗蜜观诸法门；

八、得一切法界大方便波罗蜜门；

九、得知众生欲性智慧波罗蜜门；

十、得普贤智慧波罗蜜门。

简而言之，即承受佛陀教法，得智慧、方便波罗蜜（度）。

其时，普贤菩萨以右手摩善财童子顶，善财童子即得无限之三昧门。普贤菩萨问善财童子道："童子！汝已见自在神力之不可思议事否？"善财童子答以："唯然！已见！"于是，普贤菩萨谓，尚可更见吾之清净法身。接着又说种种教法。

在普贤菩萨之教法中，有偈云：

譬如工幻师，能现种种事，
佛为化众生，示现种种身。

此谓使用幻术者，能现各种奇瑞；佛陀为度化众生，亦能化现各种身形。《观音经》中说观世音菩萨化现三十三种身。佛陀亦然，能现各种不同身相，以应众生之需。如此言之，可谓任何人皆为佛之应现；能如此信受，则对任何人皆须合掌致敬。经云：

譬如明净日，照除世间闇，
如来净智日，悉除三世闇。

即谓如太阳之照暗闇，如来之净智，亦能祛除三世之闇夜。因宿业而苦恼之人们，佛陀之存在恰如太阳般重要。

《华严经·入法界品》之最后，有如下数语：

闻此法欢喜，信心无疑者，
速成无上道，与诸如来等。

即言听闻此教法，欢喜、信受而不生疑惑者，能完成佛道，与佛同等。

不论任何人，若能信受《华严经》之教法，且实践不懈，则此人定能成佛。若心存疑念，则不易入佛境界。

《华严经》若与《法华经》相比较，则《华严经》实为广大、丰富，六十卷或八十卷之分量，欲一读而过，实非易事。然如卷首云，能发挥华严力之普安，为一华严行者，每日必读诵《华严经》，且实践普贤行，而救度无数苦恼众生，其存在恰如照亮世间暗闇之太阳。

除普安外，于《华严经讲话》中出现之众僧，皆为深信《华严经》之华严行者。从彼等之所行视之，其人格实无异于如来。如《华严经》最后，普贤菩萨之所言，恰如千钧之重，即"信心无疑者，必定成佛"。

中国四川省之大足石窟、安岳石窟、重龙山石窟等地，均供奉华严三圣像。即中央为毗卢舍那佛，两侧分别为文殊、普贤二菩萨。安岳县华严洞之三圣，为高约五点二米之巨大佛像。

四川省闻名之佛教圣地——峨眉山，山上有万年寺，供奉乘白象之普贤菩萨，故峨眉山被称为普贤菩萨之圣地。山西省五台山为文殊菩萨之圣地，两者合之，恰为《华严经》最后登场之二位菩萨，被供奉于中国灵山，为民众信仰之对象。

于《入法界品》登场，且任主角之善财童子，其雕像，常于寺院之大雄宝殿背面所供奉之观世音菩萨旁边，呈双手合掌、态度虔敬之求道姿势。善财童子求道之热忱，实为吾等效法之榜样，吾人实需秉此虔敬、精进之心态，于苦难之人生旅途上，勇往迈进。

出版后记

星云大师说:"我童年出家的栖霞寺里面,有一座庄严的藏经楼,楼上收藏佛经,楼下是法堂,平常如同圣地一般,戒备森严,不准亲近一步。后来好不容易有机缘进到藏经楼,见到那些经书,大都是木刻本,既没有分段也没有标点,有如天书,当然我是看不懂的。"大师忧心《大藏经》卷帙浩繁,又藏于深山宝刹,平常百姓只能望藏兴叹;藏海无边,文辞古朴,亦让人望文却步。在大师倡导主持下,集合两岸近百位学者,经五年之努力,终于编修了这部多层次、多角度、全面反映佛教文化的白话精华大藏经——《中国佛教经典宝藏》,将佛教深睿的奥义妙法通俗地再现今世,为现代人提供学佛求法的方便途径。

完整地引进《中国佛教经典宝藏》是我们的夙愿,

三年来，我们组织了简体字版的编审委员会，编订了详细精当的《编辑手册》，吸收了近二十年来佛学研究的新成果，对整套丛书重新编审编校。需要说明的是此次出版将丛书名更改为《中国佛学经典宝藏》。

佛曰：一旦起心动念，也就有了因果。三年的不懈努力，终于功德圆满。一百三十二册，精校精勘，美轮美奂。翰墨书香，融入经藏智慧；典雅庄严，裹沁着玄妙法门。我们相信，大师与经藏的智慧一定能普应于世，济助众生。

东方出版社

图书在版编目（CIP）数据

华严经讲话／（日）镰田茂雄 著；慈怡 译．—北京：东方出版社，2015.9
（中国佛学经典宝藏）
ISBN 978-7-5060-8604-2

Ⅰ．①华… Ⅱ．①镰… ②慈… Ⅲ．①大乘—佛经 ②《华严经》—研究 Ⅳ．①B942.1

中国版本图书馆 CIP 数据核字（2015）第 289430 号

本书中文简体字版权由上海大觉文化传播有限公司独家授权出版
中文简体字版专有权属东方出版社

华严经讲话
（HUAYANJING JIANGHUA）

作　　者：	[日] 镰田茂雄
译　　者：	慈　怡
责任编辑：	查长莲
出　　版：	东方出版社
发　　行：	人民东方出版传媒有限公司
地　　址：	北京市东城区朝阳门内大街 166 号
邮　　编：	100010
印　　刷：	华睿林（天津）印刷有限公司
版　　次：	2016 年 5 月第 1 版
印　　次：	2025 年 1 月第 6 次印刷
开　　本：	880 毫米×1230 毫米　1/32
印　　张：	10.75
字　　数：	199 千字
书　　号：	ISBN 978-7-5060-8604-2
定　　价：	46.00 元

发行电话：（010）85924663　85924644　85924641

版权所有，违者必究
如有印装质量问题，我社负责调换，请拨打电话：（010）85924602　85924603